D0876573

Zénitude et double espresso

Éditrice : Pascale Mongeon
Design graphique : Ann-Sophie Caouette
Correction : Sabine Cerboni
Infographie : Chantal Landry

DISTRIBUTEURS EXCLUSIFS :

Pour le Canada et les États-Unis :
MESSAGERIES ADP*
2315, rue de la Province
Longueuil, Québec J4G 1G4
Téléphone : 450-640-1237
Télécopieur : 450-674-6237
Internet : www.messageries-adp.com
* filiale du Groupe Sogides inc.,
  filiale de Québecor Média inc.

Pour la France et les autres pays :
INTERFORUM editis
Immeuble Paryseine, 3, allée de la Seine
94854 Ivry CEDEX
Téléphone : 33 (0) 1 49 59 11 56/91
Télécopieur : 33 (0) 1 49 59 11 33
Service commandes France Métropolitaine
Téléphone : 33 (0) 2 38 32 71 00
Télécopieur : 33 (0) 2 38 32 71 28
Internet : www.interforum.fr
Service commandes Export – DOM-TOM
Télécopieur : 33 (0) 2 38 32 78 86
Internet : www.interforum.fr
Courriel : cdes-export@interforum.fr

Pour la Suisse :
INTERFORUM editis SUISSE
Case postale 69 – CH 1701 Fribourg – Suisse
Téléphone : 41 (0) 26 460 80 60
Télécopieur : 41 (0) 26 460 80 68
Internet : www.interforumsuisse.ch
Courriel : office@interforumsuisse.ch
Distributeur : OLF S.A.
ZI. 3, Corminboeuf
Case postale 1061 – CH 1701 Fribourg – Suisse
Commandes :
Téléphone : 41 (0) 26 467 53 33
Télécopieur : 41 (0) 26 467 54 66
Internet : www.olf.ch
Courriel : information@olf.ch

Pour la Belgique et le Luxembourg :
INTERFORUM BENELUX S.A.
Fond Jean-Pâques, 6
B-1348 Louvain-La-Neuve
Téléphone : 32 (0) 10 42 03 20
Télécopieur : 32 (0) 10 41 20 24
Internet : www.interforum.be
Courriel : info@interforum.be

Gouvernement du Québec – Programme de crédit
d'impôt pour l'édition de livres – Gestion SODEC –
www.sodec.gouv.qc.ca

L'Éditeur bénéficie du soutien de la Société de dévelop-
pement des entreprises culturelles du Québec pour son
programme d'édition.

 Conseil des Arts   Canada Council
du Canada   for the Arts

Nous remercions le Conseil des Arts du Canada de l'aide
accordée à notre programme de publication.

Nous reconnaissons l'aide financière du gouvernement du
Canada par l'entremise du Fonds du livre du Canada pour
nos activités d'édition.

03-14

Dépôt légal : 2014
Bibliothèque et Archives nationales du Québec

ISBN 978-2-7619-4096-2

NICOLE BORDELEAU

Zénitude et double espresso

Réflexions et brins de sagesse
pour survivre au tumulte du moment

LES ÉDITIONS DE
L'HOMME

Une société de Québecor Média

« *C'est par distraction*
que nous n'entrons pas au paradis de notre vivant,
uniquement par distraction. »

CHRISTIAN BOBIN

Avant-propos

M a vie, comme la vôtre, est constamment ballottée par l'impermanence et les changements. Je vis, comme vous, des moments de bonheur ponctués de périodes d'insécurité. Malgré de nombreuses années de pratique du yoga et de la méditation, la peur, l'anxiété, la tristesse et la colère font encore partie de ma vie. Mais, au-delà des émotions qui traversent mon quotidien, j'ai fait la découverte de pratiques simples et accessibles qui m'apportent force et apaisement face aux vagues de l'existence.

Ce livre regroupe les réflexions et les apprentissages qui m'ont permis de tracer une nouvelle cartographie de ma vie. Bien que ces apprentissages se poursuivent toujours, j'ai fait le tri parmi les réflexions, les textes et les pensées qui m'ont le plus aidée à unifier mon monde intérieur et mon monde extérieur. Pour y parvenir, la vie m'a offert de nombreuses expériences, certaines heureuses, d'autres fort douloureuses, et c'est parmi mes avancées, mes dérapages, mes difficultés, mes échecs et mes apprentissages que j'ai puisé le contenu de cet ouvrage.

J'ai choisi de vous présenter ces enseignements sous forme de textes courts et condensés. Comme un bouquet de pensées à méditer, vous trouverez, ici et là, des pratiques de méditation, des exercices respiratoires et des réflexions pour apaiser l'esprit. Que ce soit en lecture spontanée, où vous ouvrez une page au hasard, ou comme florilège de réflexions que vous posez sur une table de chevet pour en faire une lecture progressive au quotidien, ce livre se veut un compagnon pour des moments de réflexion ou pour traverser des temps difficiles.

Puisque nous sommes tous semblables, mais aussi tous uniques, certains de mes outils pourront vous servir dès maintenant, d'autres plus tard, et d'autres, peut-être, jamais. Toutefois, si un jour, au fil de votre parcours, vous sentez le besoin d'un peu de *zénitude*, j'espère de tout cœur que vous trouverez l'outil qui saura vous y conduire.

Aujourd'hui, chère lectrice, cher lecteur, je suis heureuse à l'idée de vous offrir ce livre.

Que la vie vous soit douce,

NICOLE

Le monde
en soi

Là où tu vas, tu es

Cette histoire se passe il y a très longtemps, loin d'ici, dans une grande cité foisonnante de vie et de couleurs. Devant la monumentale porte d'entrée de cette ville se trouvait un puits qui servait à abreuver les animaux des marchands ambulants qui arrivaient et repartaient. Un jour, un vieux sage, assis sur la margelle du puits, contemplait silencieusement les passants. Un jeune nomade, lourdement chargé et visiblement très fatigué, s'approcha du puits pour y faire boire son âne. Il salua poliment le vieil homme, puis le questionna :

« Monsieur, mon père m'envoie dans cette ville pour y faire du commerce, mais je viens d'un petit village et je ne connais personne. Comment sont les gens, ici ?

— Comment étaient les gens de ton village ? lui demanda le vieux sage en guise de réponse.

— Oh, c'est un joli village, monsieur. Les gens y sont très aimables et j'y ai beaucoup d'amis.

— Sois sans crainte, répondit le vieux sage dans un demi-sourire. Les gens de cette ville sont tout aussi aimables et tu t'y feras beaucoup d'amis. »

Rassuré par cette réponse, le jeune homme reprit son âne et, le sourire aux lèvres, fit son entrée dans la ville. Quelques instants plus tard arriva un nouveau voyageur qui fit halte lui aussi au puits pour y faire boire deux chevaux qui tiraient une gigantesque carriole.

« Tu as l'air fort fatigué lui dit le vieux sage sans même le regarder. Tu sembles avoir fait un long voyage. D'où viens-tu ?

— Oui, je suis fatigué et inquiet. J'ai traversé tout le pays pour venir refaire ma vie ici. J'espère que j'y serai bien accueilli.

— Et pourquoi donc fuis-tu ? N'étais-tu pas heureux là d'où tu viens ?

— Non, j'y étais fort malheureux. Là-bas, les gens sont cruels et malveillants. J'y avais beaucoup d'ennemis qui me voulaient du mal.

— Oh, j'ai bien peur que tu ne sois pas heureux ici non plus. Les gens de cette ville ne seront guère plus aimables. Je doute que tu puisses trouver la paix ici ! »

Déçu par les dires du vieil homme, le voyageur saisit la bride de ses chevaux et la lourde caravane fit demi-tour et disparut à l'horizon. Assis à l'ombre d'un figuier, un jeune berger qui avait assisté à la scène se leva et s'approcha du sage.

« J'ai tout entendu, dit-il. Je suis étonné par vos paroles contradictoires, vieux sage. Comment avez-vous pu dire au premier voyageur que les habitants de cette ville sont amicaux et à l'autre qu'ils sont hostiles ?

— C'est très simple, mon enfant. Nous transportons le monde au fond de nous-mêmes ! »

Une planète mobile

Une bande de nuages gris se dessine à l'horizon. Le soleil qui brille depuis le matin s'efface soudainement. Autre signe de l'orage à venir, un vent humide se lève brusquement et balaie la rue. Je presse le pas, car je n'ai ni parapluie ni imperméable. La pluie se met à tomber, d'abord fine, puis froide et mêlée de grêle. Bientôt, un rideau de pluie me frappe le visage, m'obligeant à pencher la tête.

Heureusement, le lieu vers lequel je me dirige n'est plus très loin. Dans mon entourage, les gens ne comprennent pas que je fasse tant de kilomètres pour venir jusqu'ici. «Juste pour prendre un café!» comme ils disent. Ce qu'ils ne savent pas, c'est que, pour une caféinomane de mon espèce, le café que l'on sert à cette brûlerie vaut vraiment le détour. Oui. Même sous la pluie! Le mélange maison finement moulu, avec son arôme légèrement acidulé aux accents d'amande et de caramel, révolutionne tous mes sens. Je marche vite, la nuque ployée. De plus en plus vite. Soudain, mon instinct m'ordonne de lever les yeux. J'aperçois un vélo qui fonce à toute allure dans ma direction et j'ai juste le temps de faire un pas de côté. Arrivé à ma hauteur, le vélo accroche mon sac qui tombe sur le trottoir. Au lieu de s'en excuser, le cycliste me lance un énorme juron. Furieux qu'un piéton emprunte le même trottoir que lui, il poursuit sa course folle vers le nord. Je ramasse mon sac en remerciant mon intuition, car, sans elle, ce vélo m'aurait frappée de plein fouet!

Je pénètre dans la brûlerie saine et sauve, mais trempée jusqu'aux os. Heureusement, la chaleur des lieux et l'arôme du café qui flotte dans l'air me réconfortent. Nous sommes vendredi et à cette heure de l'après-midi la brûlerie est toujours bondée. Je me hisse sur la pointe des pieds pour chercher une table du regard. Un serveur, les mains chargées de tasses vides, passe près de moi et me fait signe de la tête qu'une table se libère à l'instant. Je la repère aussitôt au fond de la salle. En posant mon sac à main sur la chaise, je remarque son aspect pitoyable — il est tout détrempé — et cette vision me ramène en arrière. L'incident avec le cycliste défile en détail dans ma tête. Je revois son regard furieux. De nouveau, son juron me gifle et je ressens encore le choc du vélo qui a fait voler mon sac. Je repense à cet homme. Je ne l'ai vu qu'une fraction de seconde, mais il avait l'air très préoccupé. Son regard était distant et soucieux. De nos jours, le sentiment d'urgence de tout accomplir est tel que l'on vit tous dans un état presque permanent de stress et de tension. Notre vision du monde étant façonnée par notre esprit, nous devenons et nous vivons ce que nos pensées nous dictent. Si l'on croit que la vie est difficile, elle le devient. Nos problèmes et nos difficultés ne sont pas dus, comme on le croit, à des événements extérieurs, mais à notre état d'esprit.

Un garçon de café qui connaît bien mes habitudes pose un double espresso devant moi. Le bouquet d'arômes qui me frôle les narines reconnecte mes sens. Du coup, ce qui s'est passé avant ce moment s'efface. Me voilà au seuil d'un instant tout neuf. Je respire profondément. Mon regard s'arrête sur la petite tasse de porcelaine blanche. Le liquide brun chocolat, à la surface délicatement marbrée de blanc, retient toute mon attention. Et, dès la première gorgée, je plonge au cœur d'une expérience sensorielle. Les parfums boisés qui s'échappent des grains de café et la saveur délicatement subtile de fruits, de caramel et de noix s'entremêlent dans un élan exquis qui me monte au nez. Dans le mouvement qui mène la tasse à mes lèvres, j'arrive à ressentir à la fois la fraîcheur de la porcelaine et la chaleur du liquide, deux sensations qui se produisent à l'interface du monde extérieur et de mon monde à moi. Un geste si simple, celui de boire un café, geste auquel je n'aurais peut-être pas été si sensible auparavant, est d'une grande richesse quand je lui prête attention. Pourquoi ces moments sont-ils si rares ?

Bang ! Un violent coup de tonnerre ébranle la vitrine du café. Éclairs, bruits de foudre. L'orage bat son plein, mais ce beau concert extérieur semble laisser les clients du café indifférents. Personne ne lève les yeux. À ma droite, un homme dans la cinquantaine lit le journal sur sa tablette numérique. Rapidement, il fait le tour du monde du bout de son index, et les dernières nouvelles de la planète défilent sous ses yeux. Il ne cligne même pas d'un cil. On dirait que dans le monde virtuel, rien n'est important, rien ne semble essentiel : tout est vu ; tout est lu. Mais rien n'est retenu. Un peu plus loin, un groupe d'étudiants est assis à une grande table, mais personne ne parle. Certains ont le regard de ceux qui sont égarés dans leur tête. D'autres ont les yeux rivés sur l'écran d'un cellulaire ou d'un iPad. Ils sont plongés dans un océan de textos, de sites Internet, de fils Twitter, de blogues animés en 3D, de pages Facebook, de vidéos YouTube.

« Vous ne vivez pas dans le monde, disait Swâmi Prajnânpad, *vous vivez dans votre monde. »* Dans l'autobus, au restaurant ou dans un parc, où que l'on soit, il suffit de regarder autour de soi pour se rendre compte que c'est la vérité. Physiquement, nous sommes présents, mais notre esprit est ailleurs, très loin d'ici. Nous vivons tous avec un déficit d'attention, mais comment pourrait-il en être autrement ? Le bruit incessant, le manque de temps, l'accélération massive, l'angoisse et le vide existentiel, tout cela nous pousse à fuir. Nous sommes plus de sept milliards d'êtres humains et nous vivons sur une petite planète dont les ressources naturelles s'épuisent. Nous traversons en même temps, tous ensemble, une crise économique, une crise écologique, une crise sanitaire, une crise des valeurs, une crise de sens. L'absence de notre esprit serait-elle un moyen d'autodéfense contre toute cette pression extérieure ?

Dans une société qui carbure à la surconsommation, au perpétuel dépassement de soi, à la concurrence, à la dispersion, à
la performance, peut-on vraiment profiter pleinement de
l'instant présent ? De nos jours, peut-on vraiment encore espérer voir changer le monde ? Manifestement, si l'on croit que
c'est le monde extérieur qui doit changer, la réponse est non.
Mais, si l'on croit que le véritable changement commence par
soi, la réponse est oui. En ce cas, nul besoin d'attendre à demain. La clé de ce nouveau monde est en chacun de nous.
Plus précisément, dans notre *esprit*.

Vous avez dit «esprit»?

NOTRE ESPRIT…

Comment le définir?

On ne peut ni le circonscrire ni s'en approcher.
Il ne renvoie pas à une entité.
Personne ne peut y toucher.

Cependant, nous savons tous que nous avons un esprit.
Comment le savons-nous?

Nous le savons, car nous avons tous fait l'expérience d'un moment où nous sommes en train de travailler, de lire ou d'étudier; notre corps est assis sur une chaise, notre cerveau s'acquitte de quelque tâche dans le moment présent, mais notre esprit… s'évade dans le passé, dans le futur ou n'importe où dans le monde. Donc, c'est lui, cette partie de nous-mêmes, sans forme et sans limite d'espace-temps, qui est responsable de notre absence ou de notre présence au monde. Et c'est ce même esprit qui possède le pouvoir de nous faire vivre toutes sortes d'états d'âme.

Quand notre esprit est instable, confus et agité, nous sommes ballottés dans des flots perturbateurs d'émotions telles que l'angoisse, la colère, la peur, l'envie, l'irritabilité, la jalousie.

À l'inverse, quand notre esprit est clair et paisible, nous faisons l'expérience du contentement, de la joie, de la paix intérieure, du bonheur.

Autrement dit, notre esprit, c'est la fenêtre à travers laquelle nous voyons la vie. Et si nous voulons changer de vie, nous devons commencer par transformer notre esprit.

Royaume imaginaire

Petite, j'étais fascinée par le fait que seuls les saints possédaient un *esprit*. Dans ma tête d'enfant, il n'y avait que le *Saint-Esprit*, et rien pour les autres. J'en étais venue à cette conclusion, puisque les seules fois où j'entendais prononcer ce mot, c'était à l'église, et « esprit » était toujours précédé de « saint ».

Faute de pouvoir accéder à l'*esprit saint*, j'avais créé en moi une sorte de génie qui pouvait m'inventer des fantasmes à profusion et me fabriquer des rêves à volonté. Ce génie vivait dans un royaume imaginaire dans lequel je puisais toutes sortes d'histoires et d'aventures rocambolesques. Un jour, j'étais une fée maléfique capable de faire disparaître la terre entière. Le lendemain, par chance, j'étais une héroïne courageuse venue sauver le monde.

À l'adolescence, grâce à cet *esprit* débordant d'imagination, j'arrivais facilement à me détourner du réel. Je n'avais qu'à stimuler quelques neurones de mon cerveau pour transformer l'existence morne d'une adolescente de l'Abitibi en vie fabuleuse d'une actrice hollywoodienne. Dans cet univers préfabriqué, je ne m'imposais aucune limite de temps ou d'espace. Avec un minimum d'efforts, j'arrivais ainsi à me voir différemment et à m'inventer une autre réalité. Alors que dans la réalité j'avais 14 ans, j'étais une brunette aux cheveux frisés, de grandeur et de poids moyens, dans mon imaginaire, j'avais déjà 19 ans, j'étais blonde et j'avais de longs cheveux raides, mon corps était ciselé, grand et mince, j'avais les yeux verts en amande, et de superbes dents blanches éclatantes. J'arrivais même à changer la face du monde. Par la pensée, du moins.

J'ai quitté la maison la veille de mes 17 ans. Trop rusée pour le monde des adolescents et trop naïve pour celui des adultes, je suis partie à la recherche de ce «monde» que j'avais mille fois visité en pensée. Pendant quelque temps, j'ai cru l'avoir trouvé, mais cette habitude de maquiller la réalité m'a conduite dans un monde où j'ai vu toute possibilité de rêve s'évanouir. Alors que j'ignorais encore tout de la vraie vie, par manque de maturité et de discernement, je venais de m'immiscer dans un univers dur et cruel: le monde de la cocaïne. Dans ce «royaume» artificiel, j'allais vivre différents types d'expériences qui induisaient des états de transe, et j'allais aussi vivre cinq longues années au milieu de dépendants de toutes sortes: des fêtards, des manipulateurs, des excessifs, des menteurs, des dépressifs qui, tout comme moi, voulaient fuir la réalité.

J'ignore encore par quel miracle, mais un jour, au plus fort de ma dépendance, mon esprit s'est éclairci. J'ai compris que j'étais malade et que si je ne cessais pas de fuir la vérité, j'en mourrais. À 25 ans, j'ai choisi de quitter ce monde artificiel pour reconstruire lentement et péniblement ce qui restait de ma vie.

~

Nous sommes au début du printemps 1996. J'ai maintenant 38 ans et je vis depuis quelque temps avec une multitude de symptômes physiques : nausées à répétition, insomnie, maux de tête, fatigue excessive, inflammation des articulations, etc. La liste est longue. Chaque jour, mon esprit plonge dans un véritable tsunami d'émotions. Ballottée au gré des flots de l'angoisse, de la colère, de la tristesse, j'en ressors complètement épuisée, vidée. La nuit, je ne dors plus. Je gaspille des heures à faire le tour de ma vie, cherchant son sens, mais je demeure sans réponse. À l'aube, je suis de nouveau à bout de souffle, inquiète et dissipée. Pendant un certain temps, ma course folle pour accumuler des biens, des connaissances, des relations, des expériences, toute cette frénésie engourdit mon mal-être intérieur. Je m'invente toutes sortes d'urgences qui réclament mon attention. La multiplication des tâches, le bouillonnement continuel de faux problèmes, la perpétuelle confusion de vouloir être partout et nulle part, me donnent la fausse impression d'une vie riche et passionnante. Et pourtant, à l'intérieur, le vide se creuse. Cette sensation, je l'éprouve davantage jour après jour.

Le matin, je me lève avec l'intention de me recentrer et de me concentrer sur les choses essentielles de l'existence. Mais, dès que je pose le pied hors de la maison, je sors de moi. J'ai des responsabilités, des factures à payer, des engagements professionnels à respecter, des tâches à accomplir. Pendant ce temps, mon corps tente d'établir des limites. Durant quelques jours, fatigue oblige, je ralentis, mais la peur de perdre ma place augmente et je reprends la course en augmentant ma vitesse de croisière.

Pendant des mois, j'ai continué à faire semblant que tout allait bien, alors que je recevais des avertissements de plus en plus clairs m'indiquant que ma vie de surface commençait à se fissurer. J'ai alors tenté de réparer les pots cassés. J'ai négocié avec la vie comme on négocie un prêt avec un créancier : j'ai promis de ralentir, de réduire mon horaire de travail, d'allonger mes vacances, de me reposer et de ne plus accepter de nouveaux contrats.

Mais, le 15 juillet 1996, malgré toutes mes négociations, j'ai perdu mon combat contre la réalité. Ce jour-là, j'apprenais que j'étais porteuse d'un virus mortel, l'hépatite C.

Mal d'être

J'ai décrit dans mon autobiographie, *Vivre, c'est guérir!*, ce difficile face-à-face avec la vérité. Si, durant ces années, tout ce que je vivais servait à me détourner du réel, maintenant tout me ramenait à lui. Désormais, il me fallait non seulement mettre en œuvre des moyens pour retrouver la santé physique, mais aussi travailler très fort à la guérison de mon esprit.

Je vivais désormais avec la conviction profonde qu'en changeant mon esprit, en le conservant au moment présent, j'arriverais à sortir de la trame bien serrée de la peur. Ma plus grande obsession, celle que je vivais chaque jour, était que le temps qu'il me restait à vivre était trop court. Moi qui n'avais jamais accordé d'importance aux mois, aux années, je ne pensais plus à rien d'autre. J'encerclais la date de chaque jour sur le calendrier et je comptais maintenant les heures, les minutes, les secondes de la journée. Le soir, dans mon lit, je repoussais fébrilement le sommeil, sachant trop bien que ma vie serait plus courte de vingt-quatre heures au réveil. Le lendemain matin, j'étais effrayée de constater à quelle vitesse les jours fuyaient.

Cela a duré des semaines, des mois, et puis un jour, j'ai eu cette foudroyante pensée sur le temps : je devais cesser de le compter ; je devais plutôt le vivre ! Je ne savais pas encore comment j'allais m'y prendre, mais je me suis fait la promesse, simple, de ne plus gaspiller de temps, de vivre pleinement chaque moment qui me serait donné.

Pour éviter de dévier de la réalité, de me perdre dans des rêveries, j'ai commencé à noter, dans un carnet, des pensées, des réflexions sur tout ce qui touchait, de près ou de loin, à la pratique de la transformation de l'esprit. Avec des mots, les miens et ceux des autres, je noircissais des pages et des pages en surlignant des citations et des bouts de texte qui m'inspiraient, me rassuraient, me secouaient, m'interpellaient, au sujet du « fonctionnement » de l'esprit humain.

Certains jours, ce carnet n'était qu'un brouillon où j'avançais dans un épais brouillard de mots, ne sachant si j'étais en train de m'y perdre ou de m'y trouver. Mais il y avait aussi des moments de grande clarté où je trouvais une réponse ou une piste de réflexion dans un texte, un poème ou une simple phrase. Jour après jour, je cherchais à décrire en mots l'impact de mon esprit sur mon corps, ma santé, mon humeur, mon niveau d'énergie, ma façon de me voir moi-même, de considérer les autres, de voir la vie. Dans des moments de calme ou dans des périodes de grande fragilité, je tentais de comprendre ce qui apaisait ou ce qui terrifiait mon esprit. J'essayais de me concentrer sur des bonheurs simples qui me redonnaient confiance en la guérison, comme une bonne nuit de sommeil, le retour de l'appétit, une promenade au bord du fleuve. Je fuyais de moins en moins dans l'imaginaire, j'avais de moins en moins besoin de me protéger derrière un personnage ou une carapace. Je m'autorisais à être davantage moi-même, à éprouver mes joies, mes chagrins, mes espoirs, mes angoisses.

Un jour où je transcrivais des notes sur mes découvertes dans mon journal personnel, une foule de questions se sont mises à surgir. Des questions que je ne m'étais encore jamais posées devenaient tout à coup si vivantes, si pressantes. J'ai eu l'impression que c'était mon esprit qui poussait sur le crayon : Qui suis-je ? Qui suis-je sans mes peurs et sans mon angoisse existentielle ? Qui suis-je sans cette maladie ? Qui suis-je sans ma relation amoureuse ? Qui suis-je sans ma carrière, mes biens matériels, mes connaissances ? Au fond de moi, au creux de mon être, qui suis-je ?

Ces questions annonçaient le début d'une incroyable aventure qui allait me mener à découvrir l'extraordinaire monde que l'on porte en soi : le monde de notre esprit.

Un souffle
à la fois

L'étincelle

Giovanni. Nous sommes tombés follement en amitié l'un de l'autre. Cet homme m'émouvait. J'aimais sa démesure, son empressement, sa bonté d'enfant. Que dire de plus ? C'était tout simplement une bombe sur deux jambes. Je n'invente rien. C'est ainsi qu'il s'est présenté à moi, lors de notre première rencontre. Il s'est décrit comme un être explosif, angoissé et soupe au lait. D'emblée cela se voyait à sa façon de bouger et de respirer. Au moindre geste, il suait à grosses gouttes. Et Giovanni respirait tellement fort ! On avait l'impression qu'il voulait se servir de son souffle pour pousser sur le temps, sur les gens, sur les choses, sur la vie. Rien n'allait jamais assez vite pour lui. Mais, cet homme, je l'adorais ! Être à ses côtés me donnait l'impression de recevoir une injection d'adrénaline, combinée à la sensation épuisante de courir un marathon.

L'été où j'ai reçu le diagnostic d'hépatite C, je me suis retirée de mes activités professionnelles et nous nous sommes perdus de vue. Pendant ce temps, mes questionnements sur le sens de la vie me servaient de carburant pour explorer de nouvelles pistes. Cela m'indiquait une direction à suivre, me motivait à continuer ma route sur le chemin de la guérison. Avec, toujours, cette volonté de vivre mieux, au moment présent, un jour à la fois.

Au milieu de l'automne suivant, lorsque j'ai repris mes activités professionnelles, j'ai revu Giovanni. Il n'était plus le même homme. Il était devenu calme, centré, confiant. Il parlait doucement et respirait normalement. Oui, pour la première fois de sa vie, Giovanni inspirait et expirait lentement, calmement, profondément. Mais, pour être honnête, je n'ai pas vu tout cela moi-même; c'est lui qui me l'a appris. Lorsque je lui ai demandé ce qu'il y avait de différent en lui, il m'a dit doucement: « Je suis plus calme. Je me sens bien dans ma peau, je respire mieux et c'est grâce au yoga. »

Ce n'était pas le mot « yoga » qui avait retenu mon attention, mais plutôt l'idée que la respiration pouvait apporter la quiétude à l'esprit. Cela m'étonnait. Une chose aussi simple que la respiration pouvait-elle véritablement avoir un effet si profond? J'ai alors pensé que ce ne serait pas une mauvaise idée d'essayer. Et puis, le yoga, ça ne devait pas être si compliqué, puisque Giovanni s'y adonnait avec succès.

Un souffle à la fois

Pour ma part, j'avais depuis longtemps perdu contact avec ma respiration. Depuis que j'avais surmonté ma dépendance à la cocaïne, mon souffle était demeuré fragile, frémissant. J'avais l'impression que ce n'était qu'un mince filet d'air qui frôlait à peine le haut de mes poumons.

Cette rencontre avec Giovanni avait allumé une étincelle d'espoir au fond de moi. La semaine suivante, j'ai commencé des cours de yoga et j'ai découvert le pouvoir miraculeux de la respiration.

Bougie d'allumage

J'ai eu un choc en découvrant que respirer débute avec l'intention de s'ouvrir à la vie. Je ne savais pas que, pour respirer profondément, il faut être prêt à laisser tomber sa résistance et à accueillir la réalité telle qu'elle se présente à soi. Je n'avais jamais réalisé cette dimension subtile de la respiration: elle nous apprend à vivre dans le moment présent. Cette prise de conscience me permit de découvrir une autre chose étonnante: je ne respirais pas, non pas parce que je ne savais pas le faire, mais parce que j'utilisais mon souffle comme un frein et comme une soupape. Une soupape pour faire taire les souvenirs douloureux du passé; et un frein pour empêcher les expériences à venir qui me faisaient peur. Je bloquais ma respiration pour bloquer le flux de la vie. Je n'avais jamais établi de lien entre ma façon de respirer et mon attitude envers la vie en général. Si je poussais sur le souffle, je pressais sur le mouvement de la vie et cela dérangeait l'ordre naturel des choses. À l'inverse, si je retenais ma respiration, je freinais le changement et la guérison dans mon corps. Ces éclaircies, quoique précaires, m'ont permis de m'intéresser pour la toute première fois à ce souffle, presque inaudible, auquel je devais la vie.

Si je souhaitais vivre chaque instant qui m'était donné, je devais m'ouvrir pleinement dans ces exercices de respiration. Mais je n'y arrivais pas. J'étais si habituée de tout faire et de tout obtenir par le travail et l'effort que je ne réussissais à créer que des blocages dans ma respiration et des tensions dans mon corps. J'ai songé à tout laisser tomber. J'avais l'impression de vivre enfermée dans un corset de fer. « Pour bien respirer, il faut que vous appreniez à vous servir du diaphragme. » Le professeur de yoga tentait de m'expliquer comment me libérer de cette sensation d'étouffement.

C'était la première fois que j'entendais ce conseil, et cela me compliquait un peu les choses, car j'ignorais ce qu'était un diaphragme. Heureusement, le professeur a ajouté que peu de personnes savent qu'il s'agit d'un muscle en forme de dôme qui joue le rôle de plancher dans la cage thoracique et de plafond dans l'abdomen, sinon je me serais sentie vraiment nulle. Puis, je suis restée bouche bée lorsqu'il a conclu en disant que le stress, la peur et les émotions négatives bloquent la mobilité du diaphragme. « Bien que le diaphragme fasse partie du corps physique, il est en contact direct avec l'esprit, la conscience et le soi. Si vous contrôlez votre diaphragme, vous contrôlez aussi votre esprit. »

J'ai compris ce jour-là que notre respiration est un calque de notre façon de voir la vie. Si la conscience de notre souffle est limitée, notre présence au monde l'est tout autant. Autrement dit, si on respire superficiellement, on vit aussi de façon superficielle. Ce qu'il me reste alors à apprendre, selon le professeur, c'est de prêter davantage attention à ma posture. Si je courbe le dos, si je rentre les épaules, j'écrase le diaphragme. Cela favorise un souffle court, mais aussi un sentiment d'abattement et de découragement. À l'inverse, si je déploie la colonne vertébrale en la cambrant naturellement, j'établis une assise plus stable et un contact direct avec la respiration. Ce sentiment de solidité et de dignité dans mon corps se reflète, petit à petit, dans l'esprit. En respirant profondément, j'ai l'impression de venir au monde, de me redonner naissance. Avec le temps, transformer notre manière de respirer transforme inévitablement notre attitude générale envers la vie.

Dans les mois qui suivent, j'observe l'expansion et la contraction des poumons et les mouvements ascendants et descendants de l'abdomen. C'est un exercice des plus simples, mais pour moi l'un des plus difficiles à faire. Observer le souffle sans vouloir le rendre différent, plus profond ou plus long, et seulement en prendre conscience, me demande plus de courage que de partir en expédition dans la jungle. Mais je persévère.

Au début, je perçois toutes sortes de blocages, de tensions, de courbatures qui freinent l'agilité de mon souffle. Mais, avec le temps, je fais une fabuleuse découverte : si je déplace mon attention graduellement de la tête au cœur, si j'abaisse ma conscience du centre au bas-ventre, mon esprit devient calme et mon souffle s'approfondit. Ce déplacement de l'attention me libère du monde de mes pensées. La première fois que j'ai effectué cette « manœuvre » — faire descendre la conscience dans l'abdomen, sous le nombril —, j'ai senti un contact plus vaste et plus direct avec ma respiration. Ce n'étaient ni mon diaphragme ni mes poumons qui respiraient, mais tout mon être, et à partir de ce centre, le souffle devient plus fluide, plus souple. Il voyage librement entre le monde extérieur et le monde intérieur.

Grâce à ces exercices, au bout de quelques semaines je me sentais déjà plus vivante. Mon anxiété avait grandement diminué, mon humeur s'en réjouissait et mon système immunitaire aussi. Cette forme de respiration m'apportait plus de sérénité et de joie; moins de peur et de colère; nettement moins de stress et d'inquiétudes. C'était très encourageant. Qui aurait cru que ma respiration, que j'avais si longtemps délaissée, serait un jour l'étincelle qui me réapprendrait à vivre? Un jour à la fois. Un souffle à la fois.

Infiniment simple

PRENEZ UN MOMENT POUR RESPIRER.

Respirez pour clarifier votre esprit.
Respirez pour vous dépouiller de vos soucis.

Respirez pour que le souffle balaie la fatigue physique et
l'agitation mentale.

Dès maintenant, posez les mains sur vos côtes flottantes
pour ressentir les mouvements de votre diaphragme.

Quand vous inspirez par le nez,
il s'ouvre comme le soufflet d'un accordéon.

Quand vous expirez par le nez, il se referme.

Calmement, inspirez par le nez pour un compte de 3.
Lentement, expirez par le nez pour un compte de 6.

Inspirez pour un compte de 4.
Expirez pour un compte de 8.
Répétez cet exercice 5 fois.

Ressentez-vous le sentiment accru d'énergie
qu'apporte cette manière de respirer?

Au fil des jours, des semaines, des mois, vous verrez
également votre concentration s'approfondir. Votre
esprit sera plus calme et vos pensées, plus claires.

En élargissant ainsi votre souffle, vous élargirez votre
conscience, vous vous sentirez plus présent, plus vivant.

Essayez, vous verrez…

S'enraciner dans l'instant présent

S ans l'esprit encombré d'informations, sans courriels, sans lecteur MP3, sans écouteurs vissés dans les oreilles, sans téléphone intelligent, qui sommes-nous ? Hors des connaissances, des habitudes, des étiquettes, lorsque l'ego s'efface, que reste-t-il de nous ? La véritable connaissance de soi n'est pas une forme d'autothérapie, elle ne passe pas par l'analyse mentale, mais par une connexion profonde, réelle et directe avec notre vraie nature. C'est là une différence fondamentale.

Découvrir notre essence profonde, nettoyer les débris de notre conscience, se libérer des limitations que l'on s'impose, se lier d'amitié avec notre esprit, c'est un travail de longue haleine, jamais spectaculaire, qui se fait tout au long d'une vie. Il ne faut surtout pas se décourager.

L'exercice de respiration qui suit permet de sortir du monde de l'impatience et de l'empressement qui nous empêche d'être pleinement ici, maintenant. Cette technique de respiration méditative, élaborée par le maître bouddhiste Thich Nhat Hanh, est particulièrement efficace quand on est stressé, angoissé, ou quand on doit relever un défi. Après quelques répétitions, l'attention se stabilise et l'esprit devient limpide.

PRENEZ UN MOMENT
POUR VOUS ASSEOIR CONFORTABLEMENT.

Posez les deux pieds au sol, les mains sur les cuisses.

Détendez vos yeux, les muscles faciaux,
le cou, les épaules, le ventre.

Posez maintenant une main sur le ventre,
l'autre sur le cœur.

Répétez silencieusement : « J'inspire, et je sais que j'inspire. J'expire, et je sens que j'expire. »

Après quelques répétitions, observez l'effet apaisant de cet exercice sur votre état d'esprit.

Le simple fait de vous connecter à votre respiration en répétant ces deux courtes phrases est un moyen pratique de vous « enraciner » dans le présent, de vous « brancher » directement à la vie.

Passage intérieur

Deviens qui tu es

l était une fois, dans une région reculée du Japon ancien, un jeune moine qui se plaignait à son maître de ses difficultés quotidiennes : son matelas était mou, le sol était dur, la nourriture était fade, le menu répétitif, sa cellule trop petite, et le monastère trop vaste quand il devait s'astreindre à la tâche de laver les planchers. Il se plaignait de tout et de son contraire. Hier, il faisait trop froid ; aujourd'hui, il fait trop chaud…

Un jour qu'ils étaient à table, le maître demanda au jeune moine de dissoudre une poignée de sel dans son verre d'eau et de le boire.

« Quel est le goût de l'eau ? demanda le maître.

— Elle est amère ! » répondit le disciple après avoir recraché l'eau salée.

Le maître sourit et demanda au jeune homme de prendre une autre poignée de sel dans sa main et de le suivre. Les deux hommes marchèrent en silence jusqu'au lac, puis le maître fit signe à son disciple de jeter le sel à l'eau.

« Maintenant, bois une gorgée du lac, dit le maître. Comment qualifierais-tu son goût ?

— Cette eau est douce, répondit l'élève.

— Goûtes-tu le sel ?

— Pas du tout.

— Dans la vie, dit le maître, la souffrance est comparable à l'amertume du sel. Ainsi, quand tu as mal, cesse d'être un verre d'eau et deviens le lac. »

Vous avez dit «méditer»?

Souvent, le simple fait d'écrire dans mon journal exigeait de moi une telle énergie que j'en étais ensuite épuisée. Malgré un régime de vie strict, ma pratique du yoga et mes exercices de respiration, de nouveaux symptômes remettaient en cause tous mes efforts. Une crise inflammatoire affectait maintenant mes articulations, rendant ma vie quotidienne plus difficile et mes nuits plus pénibles. Dans mon esprit, une lutte sans merci se jouait entre la peur, fixe, intense, dévorante, et moi, frémissante, terrifiée, sans défense. Des peurs m'envahissaient de partout. Peur que la maladie m'empêche de travailler. Peur de ne pas remplir mes engagements financiers. Peur de tomber encore plus gravement malade. Peur de ne jamais guérir. Peur de mourir. Peur de vivre.

Un matin, après trois nuits blanches d'affilée, j'ai ouvert le petit livre de Sagesse posé sur ma table de chevet. Je suis tombée sur cette pensée :

« Transcende la peur, dit le maître zen.
Oui, mais par où passer ? demande le disciple.
Passe par l'intérieur. »

J'ai compris le message. Je devais cesser de chercher des réponses et des solutions à l'extérieur de moi et trouver une façon de vivre sans peur, quoi qu'il arrive. J'ai alors téléphoné à une amie qui méditait : « Je connais quelqu'un qui pourrait t'aider, m'a-t-elle dit. C'est un moine bouddhiste, mais ne t'en fais pas, il ne parle jamais de religion. Il sera bientôt de passage à Montréal. Je te donne son adresse électronique. Écris-lui un courriel pour prendre rendez-vous avec lui. »

Le soir même, j'ai écrit à ce moine bouddhiste. Le surlendemain, je recevais une sorte de réponse. Un court message avec une date, une heure, l'adresse où me rendre, et précisant que la rencontre serait de trente minutes. C'était tout ! Ni bonjour, ni merci, ni à bientôt. Pas même de signature. Mais, ce qui m'inquiétait le plus, c'était la brièveté de la rencontre à venir. Trente minutes pour apprendre à vivre le moment présent… Serait-ce suffisant ? J'en doutais.

Quelques jours plus tard, je me garais devant un immeuble de quatre étages au cœur du quartier chinois. L'homme qui m'attendait derrière la porte souriait. La bonté de son visage a suffi à balayer d'un coup toutes mes appréhensions. C'était un minuscule appartement. Dans un coin du salon se trouvait une commode à trois tiroirs qui servait aussi de table de travail. Sur le meuble trônait une quantité impressionnante de ce qui semblait être des ouvrages universitaires, mais, d'où j'étais, il m'était impossible d'en lire les titres. Au fond de la pièce, un corridor menait vers une autre pièce, peut-être la cuisine, ou une chambre. Devant moi, un fauteuil de velours usé, une lampe sur pied; près de la fenêtre, un banc de méditation, un support à encens.

Assise face au moine, je pouvais voir dans son visage spiritualisé par la prière et par la méditation qu'il avait gardé la naïveté de l'enfance. Cela s'entendait aussi dans sa voix. Il possédait le regard allumé, vif, curieux de ceux qui démarrent dans la vie, et la voix claire de ceux qui ne vieillissent pas. En plus de cette légèreté d'être, cet homme dégageait une paix si profonde qu'on pouvait y plonger sans jamais en trouver la fin. Pour fuir mon inconfort, j'ai commencé à parler. De tout. De rien. De la météo. De moi. De mon métier. De cette amie qui m'avait recommandé de lui écrire. De mes inquiétudes. De ma pratique du yoga. De mes découvertes sur le souffle. Et j'ai parlé longuement de mon incapacité à me fixer dans le moment présent en raison du flot incessant de mes pensées. Il m'a écoutée patiemment jusqu'à ce que les mots me manquent, puis il m'a dit :

« Vivre au moment présent est simple à dire, mais très difficile à faire. Si le moment présent est agréable, l'esprit n'oppose aucune résistance. Si l'instant qu'on vit ensemble est ennuyeux, déconcertant ou angoissant, rapidement l'esprit cherche une issue. Le seul moyen de le convaincre de rester, c'est de ne pas lutter contre vos pensées, car, le problème, ce ne sont pas vos pensées. Le problème, c'est que vous croyez toutes vos pensées. Fermez les yeux et restez immobile. »

Immobile ? Ce simple mot me donnait toujours envie de bouger. Je me revoyais soudain à sept ans, près de la machine à coudre de Mamie. Je n'arrivais pas à tenir en place pour qu'elle aligne correctement les motifs du tissu de mon nouveau manteau. « Arrête de gigoter ! Une vraie toupie ! » Qu'arriverait-il si je m'efforçais de ne pas bouger durant cinq minutes ? Vingt minutes ? Une voix extérieure m'empêcha de répondre à ma propre question.

« N'essayez pas d'arrêter vos pensées, me dit le moine bouddhiste. Regardez-les bien en face, mais ne les jugez pas. N'essayez pas de les analyser et ne tentez pas de vous en débarrasser. Observez-les simplement défiler, comme si vous regardiez les nuages passer dans le ciel. Si vous faites cela calmement, vous arriverez peut-être à découvrir la nature de votre esprit et à en comprendre le fonctionnement. »

Fonctionnement ? En fermant les yeux, je me suis retrouvée devant le désordre phénoménal de mes pensées, face à un univers bruyant, plein d'émotions confuses où les frontières entre le passé, le présent et le futur avaient disparu. À chaque minute qui passait, mon esprit se plaignait : *« Je m'ennuie. Il fait trop chaud; ce serait bien si c'était un peu plus frais dans cette pièce. J'ai une crampe, il faudrait que je bouge pour me dégourdir la jambe. Non, c'est dans le ventre. Je dois avoir faim. J'ai soif. Je n'ai pas ce que je veux. Je ne veux pas ce que j'ai.* » Je n'osais pas le dire au moine, mais cet exercice était étourdissant. Pourquoi mes pensées ne s'arrêtaient-elles jamais? *Laisse-les défiler, laisse-les défiler, laisse-les défiler…* J'essayais de m'hypnotiser avec cette phrase, mais ça ne marchait pas.

L'exercice a duré une vingtaine de minutes. En fin de séance, j'avais réussi à sortir de la brume pendant tout au plus trois secondes. Le moine s'est levé pour signifier que l'entretien était terminé. Je l'ai remercié de m'avoir accordé ce temps.

« Il vous faudra faire preuve d'un peu plus de patience pour que s'opère une transformation dans votre esprit, m'a-t-il dit. C'est un long chemin. Le moyen le plus rapide pour y parvenir est d'apprendre à méditer. Méditer pour apprendre à être. Simplement être. »

Un moment, une éternité

D
ans le minibus qui s'éloignait de l'aéroport de Denver, quinze personnes étaient assises en silence, des bagages sur leurs genoux : treize Américains, un Londonien qui pouvait avoir une quarantaine d'années, et moi, nerveuse à l'idée de passer les dix jours suivants en silence avec des inconnus. La semaine précédente, par échange de courriels, nous avions convenu d'un point de rencontre à la porte nord de l'aéroport. Comme des enfants en route pour le camp de vacances, nous avions été accueillis par de vigoureuses poignées de main, par des accolades et des cris de joie. Mais, après la deuxième heure de route, l'excitation du départ s'était éteinte aussi vite qu'un feu de paille. Pendant que le minibus avalait la route, chaque kilomètre nous semblait aussi long qu'une journée. Le silence dans l'autocar était entrecoupé de bâillements d'ennui et de fatigue. Des soupirs d'impatience se faisaient entendre.

Personne dans notre groupe ne se doutait que le lieu de cette retraite de méditation était si éloigné de l'aéroport.

Après quatre heures de route, une jeune femme demanda au chauffeur s'il y avait un arrêt prévu pour aller aux toilettes. D'un ton sec, il lui répondit qu'en raison de l'obscurité qui tomberait bientôt dans les montagnes du Colorado, il était préférable qu'on roule sans s'arrêter. Quelqu'un au fond du minibus poussa un juron et la tension monta d'un cran. Visiblement angoissée par la réponse du chauffeur, ma voisine, une Américaine dans la soixantaine, se mit à maltraiter son sac à main. D'un geste nerveux, elle tirait sur les courroies, comme pour l'étouffer. À force de la regarder répéter ces gestes compulsifs, j'avais l'impression que j'allais moi aussi mourir étouffée. Avant que cet état de claustrophobie ne devienne réalité, j'ai plaqué mon visage contre la vitre. À ce moment précis, le Londonien suggéra qu'on chante tous en chœur pour que le temps passe plus vite… En entendant cet homme à la voix aiguë chantonner n'importe quoi, j'ai vraiment cru devenir folle. J'avais envie de sauter par la fenêtre. Ou d'étrangler le Londonien. Ou, mieux : l'étrangler d'abord, et ensuite sauter du bus en marche !

Heureusement, nous sommes arrivés à destination juste avant que je commette l'irréparable. Ouf ! J'ai gagné ma chambre en me croyant libérée, mais rien n'était plus éloigné de la vérité. Je n'étais peut-être plus dans le minibus, mais mon esprit, lui, était resté derrière, en mode « insatisfaction chronique ». Il ne m'avait pas fallu longtemps pour déchanter, et voilà que je critiquais tout et son contraire. Le repas servi dans l'avion, sur le vol de Montréal à Denver, était infect ; le trajet en bus avait été très désagréable ; cette femme avec son sac à main était névrosée et dangereuse ; ce Londonien était arrogant et prétentieux, et en plus il chantait mal ; il faisait trop noir au Colorado ; c'était trop humide dans cette chambre ; j'avais faim ; j'avais froid ; j'aurais dû rester chez moi…

J'ai pris une douche et j'ai enfilé mon pyjama en essayant de me détendre. J'ai sorti le programme de la retraite et me suis mise à le relire tout en jetant des coups d'œil à l'horaire et à l'heure sur mon portable. Je m'évertuais à rester calme, mais mon esprit se projetait dans le futur et pensait déjà à toute cette route qu'il me faudrait faire en sens inverse… Le passé, le futur, le moment présent, tout me pesait. J'ai alors tenté de faire des exercices respiratoires. Respirer pour refouler la déception, l'irritation, l'amertume, en essayant de ne pas trop penser à cette fichue retraite ! Dix jours. Dix longs jours. Je me sentais seule, vulnérable, déracinée. Là où tu vas, tu es ! Je sais que je transporte mon monde au fond de moi, que mon esprit engendre ma vision de l'existence. Oui, cela, je le sais déjà. Mais, comment changer cette vision ? Je n'y arrive pas. Et c'est le cœur à l'envers que j'ai cherché un peu de réconfort dans le sommeil.

Vers deux heures du matin, de forts bruits de tuyauterie m'ont fait sursauter dans mon lit, mais je ne me suis pas levée. Une demi-heure plus tard, de nouveau le même vacarme. Cette fois, je n'ai pu me rendormir et j'ai passé le reste de la nuit à fixer le plafond.

Le lendemain matin, je suis arrivée en retard dans la salle de méditation, complètement exténuée. Une soixantaine de participants s'y trouvaient déjà. Je me revois, les yeux écarquillés, quand je me rends compte que le seul espace libre est devant l'instructeur de méditation, à côté de mon «ami» londonien. Après avoir essayé de me faufiler entre deux participants, j'ai dû me résigner à y déposer mon coussin. Ça y est, j'y suis! L'instructeur donne trois coups de gong. Mon esprit est inquiet, mon corps est épuisé. Je travaille à les détendre. J'y arrive presque, mais déjà un bruit m'agresse. Non! Pas ça! J'essaie de me convaincre que je ne l'entends pas, mais je l'entends. J'entends mon voisin… respirer. Ça crie dans ma tête, des cris d'épouvante. J'entends chacune de ses respirations, encore plus bruyantes que le vacarme de la tuyauterie dans ma chambre. Mon esprit hurle… sans bruit. Des efforts surhumains ne réussissent pas à me ramener au va-et-vient de mon propre souffle. Les expirations du Londonien, tel un mouvement océanique, engloutissent toute mon attention. En fin de journée, je souffre d'hypertension à la nuque, de maux de dos et… de détresse psychologique.

Le soir venu, de retour dans ma chambre, j'ai failli faire mes bagages pour rentrer à la maison. Mais je ne pouvais pas baisser les bras et tout abandonner dès le premier jour. Ce soir-là, j'ai écrit dans mon journal pour trouver un peu d'apaisement.

«Mon Dieu! Pourquoi je m'engouffre dans des situations qui, je le sais, vont me faire souffrir? Avant d'assister à cette retraite, je connaissais mes préoccupations et mes obsessions, mais jamais je ne les avais vues de si près. C'est clair! Mon mental est un quartier dangereux! Plus question que je m'y aventure seule, les yeux fermés!»

∾

Jour 2. En fermant les paupières, tous mes démons intérieurs se réveillent. Brusquement, de partout, ils surgissent et projettent sur l'écran de mon esprit des scènes du passé qui ont fermenté dans mon inconscient. Chaque exhumation m'entraîne dans un espace hors du temps. Toutes sortes d'images défilent en boucle, sans aucun lien les unes avec les autres — les chiens à la maison, un cadeau que je devais acheter pour la fête des Mères, les freins de la voiture à faire vérifier à mon retour, un examen médical à venir, l'inconfort dans mon dos. Les frontières entre le passé et le présent sont abolies. Dans mon esprit, de vieilles rancunes discutent avec de nouveaux ressentiments, d'anciennes amours se bagarrent avec des peurs d'enfance, de nobles pensées tentent de repousser de mauvaises idées. J'ai l'impression d'être revenue à l'époque où mon cerveau était drogué, sauf que je suis maintenant consciente du «fonctionnement» de mon esprit. Et, ça, c'est insoutenable!

~

Jour 3. Rationnellement, je sais que tout ce que je pense n'est pas la réalité, mais l'impuissance de ma raison devant la force d'attraction de mes pensées me saute aux yeux! C'est comme si ces périodes de silence secouaient la poussière du tapis de mon inconscient : des pensées défilent sans liens apparents les unes avec les autres, des idées éparpillées aux quatre vents. J'en viens vite à découvrir le fil conducteur de cette impossible trajectoire : fuir à tout prix le moment présent. Déjà, en moins de trois jours, j'ai refait le monde. En pensée, du moins. J'ai eu suffisamment de temps pour souhaiter arracher la tête de mon voisin — pas une fois, mais cinq ou six fois. J'ai refait le décor de la maison de la cave au grenier. Au travail, je me suis octroyé une augmentation de salaire, une mention d'honneur, un trophée pour lequel j'ai même entendu une foule m'applaudir. Entre-temps, j'ai surmonté l'hépatite C, changé ma coiffure et renouvelé ma garde-robe. Franchement, si méditer c'est prendre appui sur la réalité, on repassera!

~

Jour 4. Premier constat : j'ignore tout de moi. Pour quelqu'un qui s'observe en silence depuis presque quarante heures, singulière contradiction! Second constat : je déborde de contradictions! Je suis bourrée d'attirances, puis de répulsions; d'attachements et d'indifférences; de conditionnements et d'éparpillements. Toutes ces parties de mon être, et tous ces contraires, me déboussolent. Je ne me connaissais ni cette colère ni cette bonté, ni ce courage ni cette peur, ni cette compassion ni cette méfiance, ni cette audace ni cette timidité, ni cette patience ni cette révolte. Mais comment tant d'états d'âme contradictoires peuvent-ils cohabiter en moi? Je peux aussi voir que mon ego préfère se concentrer sur mes points forts pour effacer tous mes défauts. Tout ce processus d'identification, il m'est facile de le reconnaître, mais je n'arrive pas à m'en libérer. Sur le coussin de méditation ou dans ma vie de tous les jours, je suis en lutte perpétuelle contre moi-même. Le plus incroyable, c'est que j'arrive tout de même à fonctionner en société malgré tous ces électrons négatifs qui circulent librement dans ma tête. Sauvez-moi de moi!

~

Jour 5. J'ai mal, physiquement, dans tout le corps. La nature oscillante de mon esprit m'étourdit. Une pensée arrive, banale, inutile. Elle tire sur un fil et tout se dévide. Les idées, les peurs, les projets se succèdent, s'entremêlent, se multiplient, se répètent à l'infini; vont et viennent du passé à l'avenir. Je me répète les dernières paroles du moine: je dois entrer dans le long corridor de la patience, avancer un millimètre à la fois, jusqu'à ce que j'arrive à éliminer ce voile de pensées et d'émotions qui s'interpose entre moi et la réalité. Il ne s'agit pas d'un passage définitif, mais de vivre dans le plein jour du moment présent. Je me le répète sans cesse: « *Moment présent, moment présent, moment présent…* » Je le répète, mais c'est toujours la même chose ! Il m'est vraiment difficile d'y rester.

Le doute quant aux bienfaits de cette retraite, mêlé à mon désir de m'enfuir à la maison, m'empêche de profiter des enseignements, des repas, des périodes de repos, des séances de qi gong, des pauses à l'extérieur. Tout cela s'écoule doucement, mais sans moi ! En soirée, j'écris dans mon journal ce qui suit :

« L'esprit ressemble à la vie : il passe d'une éclaircie à la tempête, du désert à l'oasis. Si je n'arrive pas à le stabiliser en me focalisant sur le moment présent, il cherche perpétuellement à s'évader. Et ce n'est pas parce qu'on ferme les yeux qu'il reste tranquille. On s'imagine que, pour faire disparaître les pensées indésirables, on n'a qu'à méditer, et que, comme quand on appuie sur un interrupteur, la lumière jaillira. Nous avons tort ! Mon principal souci au mitan de cette retraite n'est plus d'espérer apprendre à ne plus jamais fuir le moment présent, cela est quasiment impossible, mais de trouver une boussole pour m'y ramener. »

Jour 6. Résumons : j'ai déjà essayé la force, la volonté, la résistance, l'indifférence, l'abattement, le découragement, la colère, mais rien de tout cela ne mène à la paix de l'esprit. La seule chose que je n'ai pas encore essayée, c'est de passer par mon corps et non par ma tête pour parvenir à un traité de paix avec mon esprit. En cette sixième journée, n'en pouvant

plus d'être la marionnette de tous ces états d'âme, j'ai changé de position sur mon coussin. Ce faisant, j'ai redressé la colonne vertébrale, comme pour indiquer à mon esprit que je prenais désormais les commandes ! C'est déjà un miracle que la baraque existe encore, il est plus que temps que la propriétaire reprenne possession des lieux.

Puis, le professeur a parlé d'entrer doucement en méditation et d'en ressortir tout aussi doucement. Ça m'a secouée ! Je fais encore trop d'efforts. En tout. En tout temps. Je m'encombre de trop de règles, de connaissances, de faux problèmes. *Épurer, simplifier, dépouiller.* Je répète ces mots doucement, je les glisse dans chacun de mes souffles. Ce qui me rappelle à quel point le temps m'est compté. Je travaille à ne pas l'oublier, à vivre chaque moment mais sans en faire une obsession. C'est déjà beaucoup.

~

Jour 7. L'instructeur de méditation nous invite à compter nos respirations, de un à dix. Puis, à rebours, de dix jusqu'à un. Au cours de la seconde partie de l'exercice, nous devons porter attention uniquement à nos expirations. On l'aura compris, cette méthode vise à fixer notre esprit dans le moment présent, puis à établir avec chaque expiration une distance salutaire entre soi et le ressassement des pensées. Je compte de un à dix, comme on écoute la plus belle des musiques, pour demeurer présente et souple intérieurement… Le fait de me concentrer sur l'expiration parvient à me calmer, et cela m'apporte beaucoup de paix. J'arrive à prendre conscience, par bribes, de la clarté qui se trouve en permanence dans l'esprit. Mais elle se voile aussitôt à l'arrivée d'une pensée, d'une croyance à laquelle je me raccroche. « Le problème, ce ne sont pas vos pensées. Le problème, c'est que vous croyez toutes vos pensées. » Cet enseignement du moine bouddhiste, me revient à l'esprit, plusieurs fois, en méditant. Je le comprends.

Je me suis réveillée à l'aube pour écrire dans mon journal. Malgré mes difficultés à conserver mon esprit calme et dans le moment présent, à travers des montagnes de questionnements et de doutes il y avait une lumière au bout du chemin. Et cette image s'est mise aussitôt à me travailler de l'intérieur, au point de m'éclairer comme un phare, pour m'aider à avancer sur le terrain ombrageux de mon esprit. J'ai pris note de cette « avancée » dans mon carnet :

« Est-ce que je m'invente des histoires ou est-ce qu'il existe bel et bien une partie de moi qui contient toute chose et son contraire — peur et courage, chagrin et bonheur, calme et angoisse, désir et contentement, envie et gratitude, etc. ? Je ne cherche pas tant une explication, pas plus que je ne fais de spéculation, mais est-il possible qu'une partie de soi reste parfaitement sereine et immobile, sans le moindre mouvement, durant la traversée d'une peur ou d'une douleur ? Existe-t-il en soi un endroit paisible qui reste intouché par la souffrance ? Avons-nous la capacité d'être libres au milieu de toutes les difficultés de l'existence ? »

Passage intérieur

~

Jour 8. Je ressens le besoin d'être plus douce envers moi-même et envers les autres. Rester souple intérieurement… Apprendre l'abandon. Lâcher prise. Si la vie n'était pas une lutte sans merci ? Si elle n'était pas un combat ? Je me questionne. Qu'est-ce que cela changerait pour moi ?

Aussitôt, je réponds que, plutôt que de passer mes journées à lutter contre l'existence, je voyagerais plus légèrement ; au lieu de sombrer dans l'angoisse, je marcherais allègrement, heureuse de vivre chaque instant. Quand on a une intuition nouvelle dans la vie, elle demeure fragile et vulnérable quelque temps. Il faut en prendre soin, lui trouver un abri en soi et la nourrir. En ce huitième jour, telle est mon intention.

Au fur et à mesure que progresse cette retraite, je découvre une chose fascinante : étrangement, l'esprit n'a pas de calendrier, ni de montre, ni de conception du temps et de l'espace. Il ne semble pas faire la différence entre « sa réalité » et « la vérité ». Il profère des jugements, met des étiquettes sur les choses, sur les gens, sur les événements, sans se soucier si cela est vrai ou non. Les étiquettes que j'appose sur « moi » et sur « l'autre » m'éloignent de la vérité, du moment présent. Si je reste figée derrière une « réalité » inventée de toutes pièces par mon esprit, dans laquelle je suis ceci ou cela, ou que mon voisin de coussin est un être détestable, ce n'est que « sa réalité », la réalité de mon esprit, mais ce n'est pas « la vérité » dans le monde extérieur.

À cette pensée, mon cœur soudainement s'ouvre. Mon voisin de coussin n'est pas un ennemi, il ne m'a rien fait de mal. Il ne fait que respirer. Que se cache-t-il derrière mes jugements à son égard? Derrière ma résistance envers lui? Et puis, en pleine méditation, la réponse m'est venue, claire comme de l'eau de source. Un besoin d'amour. Derrière mes peurs, derrière ma colère et ma résistance, se cache un besoin d'amour. Je sais, à ce moment-là, que je touche la vérité. L'inconnu, celui que j'appelle «l'autre», en vérité, c'est moi. C'est moi, sous un autre visage! Et derrière la respiration bruyante de mon voisin, il y a aussi un être humain qui veut être aimé.

Ce soir-là, dans mon journal, une seule phrase résume cette journée: « *Vivre le moment présent, c'est laisser la fenêtre de la compassion s'ouvrir sur soi, sur l'autre, sur le monde.* »

≈

Jour 9. Je suis si épuisée par ces prises de conscience et toutes ces transformations intérieures que je pense ne pas survivre à une autre journée. Pour me donner du courage, juste avant de quitter la chambre pour la salle de méditation, j'ai ouvert un petit livre de Sagesse et cette pensée de William Blake a surgi: « *Si les portes de la perception étaient nettoyées, chaque chose apparaîtrait à l'homme comme elle est, infinie. Car l'homme s'est emprisonné lui-même, si bien qu'il voit tout par les fissures étroites de sa caverne.* » La perception est une percée importante: c'est une saisie immédiate de la réalité. C'est le signe que l'on souhaite couper court à nos idées préconçues pour traverser le filet de nos *interprétations* afin d'accéder à une expérience plus réaliste du moment présent. Voilà ce que je souhaite, après tant d'années d'aveuglement : voir enfin la vraie vie en face, sans fuir, sans m'apitoyer sur moi-même. J'ai cela de bon : mon intention est claire. La voilà, la raison qui me pousse à m'asseoir une fois de plus sur ce coussin pour approfondir ma connaissance de moi.

À ma surprise, une intention suffit parfois à faire avancer les choses. Grâce à cette aspiration, mais aussi grâce aux instructions du professeur qui nous enseigne à concentrer notre attention sur les sons qui nous entourent, je vais réussir ce jour-là à vivre une expérience plus incarnée, plus concrète du contentement de l'esprit. Avec ce conseil simple, j'arrive à me connecter aux sons et cela me donne un ancrage pour rester en contact avec la vie à l'instant où elle me traverse. Je trouve la journée moins longue et moins difficile. Quel apaisement que de sortir du vacarme mental pour entendre ce qui m'entoure ! Je suis soulagée d'entendre le chant des oiseaux, le vent, l'entrechoquement des branches d'arbre. J'entends mon souffle. J'entends le moment présent. J'entends la respiration de mon voisin. Tout est bien. Tout est parfait.

Graduellement, le brouillard se lève, le silence s'installe. D'avoir tourné mon attention vers le paysage sonore, d'être demeurée fermement fixée, tel un pieu en terre, devant la chaîne mouvementée de mes pensées, commence à porter ses fruits. Ma concentration se stabilise, mon attention se raffine. J'écoute le silence entrecoupé de sons et de respirations. Quand des pensées traversent le ciel de mon esprit ou qu'une distraction me ramène en surface, j'utilise ma respiration pour redescendre au cœur de cette immobilité. Tranquillement, très tranquillement, je m'en détache. Je ramène ma conscience vers les sons et, de là, j'accède à un vaste espace intérieur. Un véritable royaume au sein de moi, ample, profond et rassurant. Cette façon d'aborder les pensées sans les repousser, mais en les regardant simplement, permet de voir quelque chose qui m'émerveille : si l'esprit peut regarder les pensées, les émotions, les expériences, il s'ensuit logiquement que l'esprit est plus grand que les pensées, les émotions et toutes les expériences. Le panorama qui s'ouvre à moi me confirme le potentiel illimité de l'esprit. Cette récognition que tout peut changer, évoluer, s'épanouir, m'encourage à « être » dans le moment présent. Et à y rester — cela, il ne me faut pas l'oublier ! Je goûte un instant à une joie pure, profonde. La brièveté de cette expérience n'a pas d'importance, car c'est un signe que je peux accéder à un état stable de paix et de bien-être. Ce n'est pas une création de mon imagination. J'en ai fait l'expérience réelle. J'ai touché à cet apaisement au cœur même de mon esprit. Dorénavant, lorsque les choses déraperont, je me rappellerai ce sentiment. Déjà, je vais me sentir moins à l'étroit dans cette quête d'identité (inachevée).

Passage intérieur

En soirée, pour célébrer notre « courageuse épopée », le professeur a organisé une petite fête. Nous pouvions en profiter, dit-il, pour faire plus ample connaissance et se lier d'amitié. Je suis naturellement un peu mal à l'aise devant le Londonien, que mon esprit avait rejeté, puis kidnappé et « torturé ». À mon grand étonnement, même s'il m'avait tapé royalement sur les nerfs pendant plus de la moitié de notre séjour, j'en viens à apprécier la vivacité de son intelligence. Cet homme est brillant. Et je craque sur-le-champ pour son humour *british*. Ce brusque changement de « réalité », au cours d'une même semaine, confirme l'enseignement du moine bouddhiste : nous ne devons pas croire toutes nos pensées.

Nos jugements sont toujours fondés sur des conditionnements et sur des comparaisons. En cet homme, rien n'avait changé ; c'était le même qu'au premier jour de notre rencontre dans le minibus. La différence était dans ma façon de le considérer. Au départ, la vision de mon esprit était brouillée par un voile de peur. Mais, en m'exerçant à conserver mon esprit au présent, ici et maintenant, j'ai réussi à changer de point de vue. Et mon expérience aussi a changé. Le monde est vraiment dans l'œil de celui qui le regarde. Autrement dit, un esprit en paix, entièrement ouvert, immergé dans le présent, nous permet d'être simplement conscients dans la réalité de l'instant. Une réalité qui n'est pas définie ou limitée par nos pensées ou par des émotions du passé.

≈

Cette retraite m'avait appris plusieurs choses sur la pratique de la méditation. Elle m'avait aussi permis de me connaître un peu mieux et de découvrir sur ma propre personne des choses que je ne savais pas. Chacune de ces découvertes m'était précieuse, mais la plus importante était celle qui m'avait révélé que je transporte ma vision du monde au fond de moi. En changeant mon esprit, au même moment, je change ma réalité. Je change mon monde.

Le jour du départ, en montant dans le minibus, j'ai senti qu'un brin de sagesse commençait tout doucement à prendre racine en moi.

La quête du moment présent

La méditation

M éditer. Parfois, le mot peut sembler un peu trop sérieux, mais la pratique de la méditation n'a rien de compliqué.

Nous « méditons » déjà, mais sans le savoir : dès que nous sommes absorbés par un film, un téléroman, un livre ou un paysage, nous sommes « techniquement » en état de méditation. Mais il existe un autre niveau auquel nous pouvons accéder. La « méditation formelle », appelons-la ainsi, consiste justement à nous faire passer d'un niveau plus ou moins conscient, comme quand nous regardons un film, à un niveau supérieur de l'esprit où la conscience est pure et entière.

Comment s'y prendre ? Commençons par préciser qu'il y a, en méditation, une partie du « vécu » qui demeure toujours indicible. On peut aussi dire ce que la méditation n'est pas : ce n'est ni une méthode, ni une technique, ni un parcours métaphysique. La méditation n'a rien d'ésotérique, rien de dogmatique. Pour méditer, vous n'avez besoin de rien, ni d'encens, ni d'invocations, ni d'Écritures saintes. Chacun peut s'y adonner à l'endroit où il est, tel qu'il est, quelles que soient ses croyances ou ses convictions — ou son absence de convictions.

Combien de temps faut-il méditer? Des recherches ont démontré qu'une séance de méditation de vingt minutes par jour suffit pour qu'au bout de huit semaines apparaissent des bienfaits sur la santé, que ce soit diminuer l'anxiété, stabiliser la pression artérielle, renforcer le système immunitaire, augmenter la concentration ou soulager la dépression.

Méditer, c'est *simple*, mais ce n'est pas *facile*. Pendant une séance de méditation, l'esprit peut rester calme quelques minutes, puis se perdre tout à coup dans le labyrinthe des pensées. Un jour, le ciel de l'esprit est limpide; le lendemain, nous affrontons toutes sortes de tempêtes — des tensions corporelles, des douleurs physiques, des vagues d'émotions, des souvenirs, des regrets, de l'ennui, de la somnolence, et ainsi de suite. Il ne faut pas fuir ces états, mais faire la paix avec ce qui est en nous et autour de nous.

En méditant, on arrive à prendre le recul nécessaire pour devenir un spectateur du phénomène de l'esprit. On l'observe attentivement. L'attention dont il est question ici ne naît pas de la volonté ni de l'effort, mais d'un intérêt profond pour apprendre à se connaître et à se comprendre. Notre esprit est impliqué à fond dans notre façon de nous considérer nous-mêmes, de voir les autres et le monde qui nous entoure. Le plus souvent, il évalue une expérience sans que nous en soyons pleinement conscients. Un esprit inquiet voit des dangers partout. Un esprit méfiant ne voit que des agresseurs potentiels. Un esprit paisible voit la vie autrement, il permet de vivre calmement le moment présent, en toute circonstance. La méditation nous aide à découvrir ce qui stimule notre esprit, ce qui le tourmente, le divise, l'unifie, le pacifie. Graduellement, on arrive à épurer nos états d'âme, à questionner et à éliminer les idées qui engendrent l'angoisse, la peur, la colère, l'envie, la jalousie, pour favoriser des pensées qui cultivent la joie, la confiance, l'harmonie.

C'est ainsi que petit à petit, on cultive une plus grande « zénitude » envers la vie. On arrive à voir clairement que nos pensées et nos émotions ne sont pas aussi définitives qu'elles semblent l'être et que sur l'écran audiovisuel de l'esprit, tout bouge, rien n'est permanent. Cette prise de conscience transforme notre esprit, transforme notre vie.

Introduction
à la méditation assise

**TROUVEZ UNE POSTURE PHYSIQUE
DANS LAQUELLE VOUS SEREZ CONFORTABLE.**

Vous pouvez vous asseoir par terre, les jambes croisées, mais il est souvent plus pratique de méditer assis sur une chaise.

Conservez le dos aussi droit que possible, posez les mains l'une dans l'autre ou sur vos cuisses, et gardez vos deux pieds à plat, au sol.

Abaissez un peu le menton pour allonger la nuque et détendez les yeux, la langue, les épaules et le ventre.

Choisissez un ancrage, une chose à laquelle vous prêterez attention, comme un son ambiant ou simplement votre respiration. Si vous choisissez la respiration, laissez les mouvements du souffle bercer votre esprit.

Si votre esprit s'évade ou que vous êtes distrait par une pensée, c'est normal. Détendez-vous et invitez-le tranquillement à observer l'ancrage de votre choix, sans juger ni critiquer votre expérience.

Lorsque vous serez prêt, ouvrez lentement les yeux.

Perdus dans nos pensées

On nous a appris à nous servir d'une foule d'objets et à faire fonctionner de nombreux outils technologiques, mais on ne sait pas comment fonctionne notre esprit. C'est là notre plus grand malheur! Non seulement nous ne savons pas comment il opère, mais nous sommes coupés de lui. Par le fait même, nous sommes séparés de nos émotions. En l'absence de guidance, l'esprit peut vagabonder à son aise et s'aventurer très loin du moment présent. Il peut se perdre pendant des heures, des jours dans le passé, se projeter durant des semaines, des mois, dans un futur qui n'existe pas. Pendant ce temps, on ne se rend pas compte que notre esprit se nourrit de toutes sortes de pensées, d'émotions, d'illusions, de stratégies… Rapidement, on perd le contrôle de soi intérieurement et extérieurement. C'est ainsi qu'on se retrouve totalement perdu et sans repères dans un labyrinthe de perceptions mentales et d'émotions perturbatrices.

Lorsque nous décidons de méditer pour devenir maître de notre monde intérieur, notre esprit se rebelle. C'est normal. Cette transformation qui consiste à « se réaliser », à s'incarner, à s'habiter, change les données. Inévitablement, ce renversement de pouvoir sera précédé d'un moment d'inconfort. C'est pourquoi, tout au long de cet inconfortable et passionnant voyage à la découverte de soi, on doit être patient.

Lorsque nous abandonnons les critiques, les comparaisons et les attentes pour être simplement présents avec nous-mêmes, ce sentiment nouveau nous rassure et nous redonne confiance en nous. Nous apprenons peu à peu à nous connaître davantage, à mieux nous comprendre, à nous observer vivre intérieurement et extérieurement, sans jugement, sans peur. Puis, un jour, nous réalisons que notre esprit est un horizon infiniment plus vaste que le corps que nous habitons, et que c'est un outil extraordinairement puissant pour changer notre monde.

Méditation sur l'instant présent

ASSEYEZ-VOUS CONFORTABLEMENT.

Redressez le dos, détendez les épaules, posez les pieds à plat au sol et les mains sur les cuisses.

Conservez le ventre souple pour accueillir le souffle.

Ressentez ce qui se passe en vous.

Détendez vos yeux, adoucissez votre regard.

Pour accueillir ce qui se passe autour de vous.

N'attendez rien.

Ne forcez rien.

Respirez naturellement.

Pour l'instant, suspendez tout jugement.

Mettez de côté tout désir, toute préférence.

Mettez de côté toute chose qui n'appartient pas au moment présent — regrets, craintes, ressentiments, angoisses, espoirs.

Acceptez, sans les juger, les idées, les images qui défilent sur l'écran de votre esprit.

Accueillez les sensations, les émotions qui traversent votre corps.

Le silence, les bruits, la température dans la pièce, ne les repoussez pas, ne repoussez rien.

Respirez lentement, calmement.

Laissez les choses apparaître, laissez-les disparaître.

Ne faites aucun effort pour retenir ni repousser quoi que ce soit.

Donnez-vous la permission d'être là où vous êtes, tel que vous êtes.

Permettez au monde qui vous entoure d'être tel qu'il est à cet instant.

Respirez.

C'est cela qu'on appelle méditer.

Art de vivre

M étro, bureau, courses à faire, repas à préparer, devoirs des enfants, lessive… Nous faisons tout ce qui est en notre pouvoir pour tenir le coup sous l'accumulation des responsabilités, le bombardement des activités et la rapidité des informations. Qu'aurions-nous à *gagner* à ajouter une nouvelle activité dans notre vie, comme la pratique de la méditation ? Rien.

Cultiver un esprit paisible ne procède ni de l'accumulation ni du dépouillement.

C'est un art d'être à soi et d'être au monde. De vivre simplement dans le monde réel.

C'est un souffle profond qui témoigne d'une présence entière, réceptive et bienveillante.

PRATIQUEZ CET ART DE VIVRE AU QUOTIDIEN,
DANS DES SITUATIONS BANALES
DE LA VIE COURANTE.

Profitez d'un arrêt au feu rouge pour ressentir le va-et-vient de votre souffle.

Dans la journée, faites une pause entre deux activités.

Au travail, prenez un moment pour respirer entre deux projets, ou avant d'envoyer un courriel, entre deux dossiers, avant de répondre au téléphone, respirez.

Lors d'un trajet en métro, en autobus, dans la file au supermarché ou à la banque, éveillez vos sens, aiguisez votre conscience des sons ambiants, des sensations corporelles, des perceptions qui surviennent dans le moment présent.

Le soir, au repas et à l'heure du coucher, poursuivez cette pratique qui consiste à revenir à votre respiration pour vous focaliser sur la plénitude de l'instant présent.

Immobilité

es distractions extérieures, les fourmillements intérieurs, les émotions, les sensations, le bruit, le silence,
tout nous pousse à fuir. On bouge pour ne pas ressentir les parties inconfortables du corps, les sensations douloureuses, les énergies sombres et les aspects de soi qu'on
préfère ignorer. On bouge pour reléguer au fond de l'inconscient les émotions conflictuelles et les angoisses exis-
tentielles. On pense qu'en s'affairant ailleurs, les pensées et
les émotions disparaissent sans laisser de marques dans
l'esprit. Il n'y a rien de plus faux. Non seulement ces senti-
ments perturbateurs continueront à surgir, mais ils s'addi-
tionneront et un jour nous perdrons tout pouvoir de les
assagir. L'effet le plus nocif de ce manque d'entraînement de
l'esprit est le décentrement constant de notre énergie.
Lorsque notre énergie est fragmentée, notre attention est di-
visée, notre esprit est réactif et instable.

Qu'arriverait-il si vous réussissiez à ne pas bouger durant une minute ? Cinq minutes ? Dix minutes ? Rien. En s'entraînant, au départ, sur de courtes périodes, on parvient à stabiliser le mental et à coexister avec les courants des pensées, mais sans partir à la dérive. C'est un acte courageux d'être réellement dans le moment présent, et c'est une victoire extraordinaire sur nos mécanismes de survie, nos automatismes et nos conditionnements. L'immobilité contient des forces insoup-çonnées. Elle nous enracine, nous enseigne la patience, l'humilité, la quiétude de l'esprit face au tumulte du moment et face à nos tempêtes intérieures.

Je sais que c'est difficile à croire, mais pratiquer l'immobilité permet aux émotions négatives de s'épuiser d'elles-mêmes. L'immobilité méditative ne signifie pas la rigidité ni la fixité du corps. Ici, il ne s'agit pas de refouler les émotions, mais de leur laisser tout l'espace intérieur nécessaire pour qu'elles fondent comme de la glace au soleil.

Ici et maintenant

Oui. Vous pouvez boire un espresso, manger du chocolat, prendre un verre de vin, sortir le samedi soir, et si vous faites tout cela de manière consciente, avec une grande tranquillité d'esprit, la zénitude est en vous.

Cela demande un certain effort, mais chacun de nous possède le pouvoir de transformer son esprit.

Et vous pouvez commencer ici et maintenant.

Où vous êtes.

Tel que vous êtes.

SI VOUS LISEZ CETTE PAGE,
LISEZ-LA ET NE FAITES RIEN D'AUTRE.

Concentrez-vous simplement sur la forme,
la couleur, la texture de l'objet.

Ne faites rien d'autre que de regarder,
permettant ainsi à votre esprit de se poser.

Détendez vos yeux pour y laisser entrer le champ
périphérique.

Ensuite, passez quelques instants à vous concentrer
sur les sons.

Une conscience élargie peut contenir d'autres sensations,
des émotions.

On peut l'étendre pour y inclure les mouvements de notre
respiration.

La seule chose qui compte, c'est de prendre conscience
d'où vous êtes et de ce que vous faites.

Soyez simplement là où vous êtes et restez-y !

Lorsque vous êtes à la maison, ne soyez pas au bureau
dans votre tête, soyez à la maison.

Si vous êtes au travail, soyez au travail.
Nulle part ailleurs.

Voilà, c'est aussi simple (et aussi difficile) que cela !

Ancrage

'entraînement de l'esprit dans la pratique de la méditation, et dans la vie de tous les jours, n'est pas une porte de sortie, ni une baguette magique, ni un refuge pour fuir le quotidien. Ce n'est pas parce qu'on médite qu'il n'y aura plus de bouchons de circulation, de problèmes de santé, de soucis ou de conflits dans notre vie. Après une semaine de vacances, une classe de yoga ou une retraite silencieuse, il y aura encore et toujours les comptes à payer, du travail en retard, des obligations personnelles et professionnelles à satisfaire. Rien de tout cela n'aura disparu parce que vous avez commencé à respirer profondément ou à méditer. Pour la plupart d'entre nous, il est irréaliste de vouloir passer le reste de sa vie assis sur un coussin de méditation à observer le va-et-vient de son souffle. Alors, dans un monde qui prône la vitesse, la concurrence, la performance en tout, comment fait-on pour rester zen ? Quand on a mille et une choses à faire, que le temps presse, qu'on attend le bus ou le métro qui n'arrive pas, qu'on est en retard au boulot, prisonnier de la file à la banque, qu'on attend un diagnostic à l'hôpital, comment fait-on pour rester dans le moment présent ? Quand la vie reprend son cours, comment peut-on conserver l'esprit stable dans le tourbillon incessant du quotidien ?

J'ai trouvé réponse à ces questions un soir, en regardant un documentaire télévisé. Il était question d'une «méthode» pour diminuer l'anxiété et gérer le stress dans les activités quotidiennes de la vie. Ce soir-là, j'ai vu des gens, comme vous et moi, exercer toutes sortes de métiers en récitant silencieusement un mot ou une phrase de leur choix, qu'ils appelaient un «mantra». Ils pouvaient travailler ainsi durant de longues heures sans fatigue mentale ni physique. Sur leurs visages, on pouvait voir le calme intérieur, et dans leurs yeux brillait une joie pure. Le plus étonnant, c'était de les voir travailler en souriant.

Les personnes interrogées disaient se sentir plus calmes, plus libres intérieurement et moins agitées mentalement. Le simple fait de garder leur esprit concentré sur un mot leur permettait d'outrepasser les pensées au fur et à mesure qu'elles se présentaient, sans gaspiller de temps et d'énergie en émotions ou en réactions futiles.

Un mantra, on l'aura compris, c'est comme un garde du corps qui prend en charge la sécurité de l'esprit. C'est un outil qui nous permet d'ancrer l'esprit tout en nous permettant de vaquer à nos occupations. Certaines personnes ont recours au mantra pour apaiser leur angoisse de prendre l'avion, pour diminuer le stress en voiture, pour gérer le trac avant une performance artistique, pour être plus calmes lors d'une entrevue ou plus patientes avec les enfants au retour du travail.

En éteignant le téléviseur, j'étais curieuse d'en faire l'essai, mais j'étais aussi un peu sceptique pour deux raisons. *Primo* : cette pratique de stabilisation de l'esprit m'apparaissait presque trop simple. *Secundo* : je m'imaginais mal me répétant inlassablement, tout au long de la journée, le même mot. Je doutais sérieusement que cette méthode puisse avoir un effet sur moi. Par chance, j'ai fait des recherches sur Internet et j'ai découvert avec étonnement que l'on pratique déjà des mantras, mais des mantras négatifs : « *Je suis si fatiguée* » ; « *Je suis tellement stressée* » ; « *Je n'ai pas assez de temps* » ; « *Je ne dors pas bien* ». Les recherches en neurosciences le prouvent, le cerveau est un organe malléable et chaque fois qu'une pensée est répétée, une fois, dix fois, des milliers de fois, elle s'y incruste. Dès lors, l'esprit met tout en œuvre pour que cette « pensée » se change en « réalité ». Lorsque j'ai compris cela, j'ai immédiatement fait le nécessaire pour changer mes mantras. Dès le lendemain, lorsque des pensées angoissantes me traversaient l'esprit, je répétais silencieusement deux petits mots : « *Ici. Maintenant.* » Sur l'inspiration, « *ici* ». Sur l'expiration, « *maintenant* ». Après une vingtaine de répétitions, quelque chose a changé. Mes pensées obsessives avaient disparu, mon esprit était calme. Ces deux mots avaient réussi l'incroyable tour de force d'ancrer mon mental. Mes tempes ne battaient plus, mon corps était redevenu calme. Je découvrais cette sensation de retour au moment présent, mais sans angoisse, sans peur. Jamais je n'aurais imaginé qu'un outil si simple pouvait apporter tant de paix intérieure.

Le soir même, au restaurant, j'ai eu envie de partager cette découverte avec une amie de longue date qui traversait une période de grande angoisse. On parlait de restructuration à son travail et elle craignait de perdre son poste. Elle se bâtissait, avec ses pensées et ses paroles, le pire des avenirs, et elle luttait contre toutes sortes de fantômes. Je lui ai parlé des mantras. Je lui disais qu'elle pouvait s'exercer avec un mot de son choix ou un son qui résonnait en elle. Ce mantra lui servirait de « bouclier » pour protéger son esprit de toutes ces pensées terrorisantes. Elle m'a aussitôt répondu qu'elle n'avait pas envie de passer son temps à répéter la même chose. Pourtant, en un quart d'heure, elle m'a répété cinq ou six fois à quel point sa vie l'épuisait.

J'ai changé de sujet car, comme le disait Melchisédech : « *Ce que l'homme ne veut pas apprendre par la sagesse, il l'apprendra par la souffrance.* »

Encore et encore

« *Se laisser emporter par une multitude de problèmes conflictuels,*
répondre à trop de sollicitations, s'engager dans trop de projets,
vouloir aider tout le monde en toute chose, c'est succomber
à la violence de notre époque. »

THÉODORE MONOD

C'est samedi et il doit bien y avoir des centaines de personnes qui, comme moi, parcourent les boutiques en ce premier jour du printemps. Nous sommes tous différents par l'âge, la culture, la scolarité et la nationalité, mais nous partageons le même sentiment : celui d'être en manque de quelque chose. Nous sommes nés avec une soif inextinguible, une envie insatiable d'obtenir toujours plus, toujours mieux. On peut comprendre que dans ces états d'excitation mentale, émotionnelle ou sensorielle, on consomme de tout, en tout temps. Parfois, certes, on consomme par nécessité. Mais trop souvent, aujourd'hui, les achats sont un passe-temps pour tuer l'ennui, pour nous faire oublier la fatigue et les soucis. On consomme seul, en couple, en groupe, pour combler un vide existentiel ou simplement parce qu'on désire, encore et encore, tant de choses.

Pour l'esprit, le monde des désirs est un véritable parc d'attractions, un casino mental où il n'y a ni horloge ni rideau. Jour et nuit, sur notre écran mental, des fantasmes et des illusions sont projetés en boucle. Tout est mis en œuvre pour cacher la lumière du jour et pour encourager les paris et le jeu. *Je veux ceci ! Je veux cela ! Je n'ai pas ce que je veux ! Je ne veux pas ce que j'ai ! Je n'en ai jamais assez ! Je ne veux pas ceci ! Je ne veux plus cela !*

En cette ère de surconsommation, cela donne à réfléchir, car dès qu'un désir est comblé… vite il est remplacé par un autre, puis par un autre encore plus brûlant. Ces incessantes demandes exercent sur notre esprit une pression constante de s'évader du moment présent. Peu à peu, on est obnubilé par la douce ivresse de s'imaginer que la vie serait meilleure si on était plus jeune, plus riche, plus maigre, plus influent. On attend le bonheur demain ou après-demain. Et pendant ce temps, la vie passe.

Doit-on pour autant freiner tous nos désirs ? Vouloir être heureux, vivre plus longtemps, être en santé, se protéger de l'inconfort et des situations douloureuses, c'est normal. Cette forme de désir n'a rien de mal et il serait absurde de se priver de toutes ces choses qui rendent la vie plus douce. Mais, ici, il ne s'agit pas de ces nobles désirs, mais de ceux qui nous épuisent dans le «devenir», dans l'«avoir». *«Si j'avais plus d'argent, je serais heureux.»* *«Si je possédais cette belle maison, je vivrais bien.»* *«Si seulement j'obtenais ce poste, tout irait mieux.»* Il n'y a pas de répit pour ces désirs-là. Dès qu'on obtient telle chose, elle perd son attrait et le cercle vicieux reprend.

On peut ainsi passer toute sa vie à accumuler des choses et dépenser un temps fou pour améliorer les conditions extérieures de notre vie, mais, si notre esprit est ailleurs, on y gagne quoi? Rien. Si notre esprit est resté figé dans le passé ou s'il est projeté dans un futur imaginaire, rien de ce qui se trouve autour de nous ne réussira à l'apaiser, à le satisfaire, à le rendre heureux. Nous pouvons réussir nos études, tomber follement amoureux, obtenir l'emploi de nos rêves, posséder la plus belle des maisons, conduire la meilleure voiture, voyager dans les plus belles destinations au monde, l'esprit, lui, cherche ailleurs ce qui lui procurera son bonheur.

Alors, pourquoi ne pas arrêter, tout simplement? Parce que, même si la solution pour se libérer de l'obsession d'un désir est assez simple, elle n'est pas facile à mettre en pratique. D'ailleurs, un proverbe zen dit: *«S'il suffisait de s'installer en position du lotus pour accéder à l'illumination, toutes les grenouilles seraient des bouddhas!»*

On ne peut supprimer une pensée obsessive comme on supprime une faute de frappe sur l'écran de notre ordinateur. Sur l'écran de l'esprit, les choses ne sont pas si simples. Parce qu'un désir est un subtil mélange d'espoir et de peur, on ne fait que le renforcer quand on tente de s'en débarrasser en le repoussant. À un point tel qu'il devient impossible de ne pas y succomber. Cela dit, nous pouvons détourner le désir en déplaçant notre attention vers l'intérieur.

L'attention est la clé pour sortir de la fixation de l'esprit. En la redirigeant sur le moment présent, l'esprit se libère et se concentre sur ce qu'on possède déjà, peut-être même en l'appréciant davantage. *« Pour l'instant, j'ai tout ce qu'il me faut ! »* Cette simple phrase arrive à calmer l'avidité, à faire fuir les désirs compulsifs, à pacifier l'esprit. Essayez, vous verrez...

La quête du moment présent

Arrêtez-vous et regardez,

C'est devant vos yeux.

Arrêtez-vous et écoutez,

C'est dans vos oreilles.

Arrêtez-vous et sentez,

C'est sous votre nez.

Arrêtez-vous et goûtez,

C'est sur votre langue.

Arrêtez-vous et touchez,

C'est au bout de vos doigts.

Arrêtez tout et ressentez,

C'est en vous.

Arrêtez et observez,

C'est autour de vous.

Il n'y a aucune destination à atteindre,

Aucun chemin à parcourir.

Le moment présent est là.

Il contient déjà tout ce dont vous avez besoin.

Vous, où êtes-vous ?

Retour
au centre

La légende des loups

Cette histoire se déroule il y a très longtemps. En hiver, dans le Nord. En ce temps-là, les loups vivaient nombreux. Dans cette région, ils étaient respectés. Un soir, un vieux sage et son petit-fils discutaient devant le feu.

«Il y a un terrible combat dans mon cœur, avoua le garçon. Deux loups vivent en moi et s'affrontent. Le premier est bon, il vit en harmonie avec les autres loups. Il est rempli de joie, de confiance, de compassion et d'amour. Il ne veut de mal à personne. Il ne se bat que lorsque c'est juste et absolument nécessaire.

— Et l'autre loup? demanda le grand-père. Comment est-il?

— C'est un loup peureux, envieux et agressif. Il est rempli de ressentiments et d'orgueil. La moindre contrariété le pousse dans un état de rage et il attaque sans raison. Sa colère et sa haine sont si fortes qu'il est toujours en guerre contre tous.

— Ces deux loups se battent pour dominer ton esprit, dit le grand-père. Mais tu n'es pas seul, mon enfant. Ce terrible combat a lieu en chacun de nous.

— Lequel de ces loups va gagner, grand-père ?

— Celui que tu choisiras de nourrir, mon garçon. »

Ombre et lumière

À l'autre bout du fil, mon ami s'est tu. Il venait de m'avouer qu'il avait fait du mal à sa conjointe avec des paroles blessantes. « Tu comprends, c'est la raison pour laquelle je ne peux pas méditer. Je préfère ne jamais aller voir toute cette noirceur qui m'habite à l'intérieur ! »

Dans notre culture, on nous enseigne que le moyen de parvenir au bonheur consiste à étouffer notre ego. On nous fait croire que pour devenir un être « spirituel », on doit faire disparaître nos défauts, nos faiblesses, nos dépendances, notre « mauvais » caractère. À défaut de pouvoir les éliminer complètement, on se cache derrière une personnalité de surface. Un faux moi qui focalise son énergie sur l'apparence extérieure. On change de coiffure, on sculpte son corps, on fait blanchir ses dents. Malgré l'inconfort grandissant à l'intérieur, on fait tout en son pouvoir pour projeter l'image de celui ou celle qui a trouvé le bonheur. Inévitablement, le jour arrive, quand on s'y attend le moins, où ces vieux conditionnements resurgissent ; nos masques tombent, nos défauts réapparaissent et nos faiblesses de caractère reviennent en force. Toutes ces stratégies de fuite et de camouflage n'ont fait que les renforcer, nous éloignant davantage de notre véritable identité.

Limpide comme de l'eau de roche, l'étymologie du mot « méditation » en dit long sur la manière dont cette pratique peut nous aider à soulever le voile. En effet, « méditer » signifie « réfléchir sur quelque chose, l'examiner mûrement, se familiariser de manière à l'approfondir ». Il n'y a rien dans cette définition qui nous exhorte à nous débarrasser de quoi que ce soit. L'ombre n'est ni un problème à résoudre ni un défaut à cacher, c'est un terrain fertile à découvrir, à cultiver. Lorsque nous sommes libres de nous voir intérieurement et extérieurement tels que nous sommes, nous sommes libres de changer. Mais c'est un long cheminement intérieur que celui de soulever le voile qui recouvre notre identité profonde. Dans ce dépouillement, voulu et consenti, nous arrivons à observer consciemment les parties ombrageuses comme les parties lumineuses de notre être et à les accepter comme faisant partie de notre humanité. Nous réalisons que nous sommes, tout un chacun, à la fois ombre et lumière, bonté et agressivité, mesquinerie et compassion, colère et indulgence, dureté de cœur et patience.

Pour changer, nous devons soulever ce voile des dualités qui recouvre notre esprit. Lorsque la lumineuse conscience, tel le faisceau d'une lampe de poche, est projetée sur l'ombre, celle-ci disparaît et une liberté nouvelle nous est donnée. C'est là le véritable but de la méditation. Développer une vision lucide de la réalité et par le fait même se libérer du regard accusateur et culpabilisateur de l'ego sur soi.

Étrangement, la seule façon d'y parvenir, c'est de traverser la «noirceur» pour descendre dans ce lieu obscur où l'on conserve les semences de l'avidité et de la jalousie, la soif de puissance et le désir de tout contrôler. Ce passage à travers les zones ténébreuses de notre caractère mène à cet autre versant du cœur, cet espace lumineux qu'on appelle l'esprit. Cette vision, même si on ne fait qu'entrevoir la lumière derrière le rideau, on ne l'oublie pas. Ce moment s'est incarné en nous. À la prochaine méditation, grâce à cette empreinte, nous retrouverons le chemin.

Ce soir-là, mon ami m'avait écoutée tout ce temps sans dire un mot. «Je crois que je vais me mettre à méditer», avait-il ensuite dit avec une noblesse de cœur et une bonté de l'âme retrouvées.

Savoir attendre

Dans toute métamorphose, il y aura de lents commencements, des moments d'inconfort, des renoncements, des recommencements, des sauts brutaux et des montagnes de doutes à escalader.

Un jour, j'ai lu le roman de Nikos Kazantzaki, *Alexis Zorba*. Au fil de ma lecture de cette merveilleuse histoire racontée par le fameux Zorba le Grec, j'ai découvert que dans toute transformation, on ne peut brûler les étapes.

> *« Je me souvins d'un matin où j'avais découvert un cocon dans l'écorce d'un arbre, au moment où le papillon brisait l'enveloppe et se préparait à sortir. J'attendis un long moment, mais il tardait trop, et moi j'étais pressé. Énervé, je me penchai et me mis à le réchauffer de mon haleine. Je le réchauffais,*

impatient, et le miracle commença à se dérouler devant moi, à un rythme plus rapide que nature. L'enveloppe s'ouvrit, le papillon sortit en se traî- nant, et je n'oublierai jamais l'horreur que j'éprou- vai alors : ses ailes n'étaient pas encore écloses et de tout son petit corps tremblant il s'efforçait de les déplier. Penché au-dessus de lui, je l'aidais de mon haleine. En vain. Une patiente maturation était nécessaire et le déroulement des ailes devait se faire lentement au soleil; maintenant il était trop tard. Mon souffle avait contraint le papillon à se mon- trer, tout froissé, avant terme. Il s'agita, désespéré, et, quelques secondes après, mourut dans la paume de ma main. Ce petit cadavre, je crois que c'est le plus grand poids que j'aie sur la conscience. »

La leçon est belle. Le temps ne respecte pas ce qui se fait sans lui. En lisant cet enseignement, par la subtilité et la profon- deur des propos, j'arrive à cultiver la patience. Cette qualité de l'esprit sacralise le temps et me donne à voir l'éternité dans l'instant où je suis.

UN TEMPS POUR CHAQUE CHOSE

Il y a un temps pour chaque chose.

Un temps pour naître.

Un temps pour grandir.

Un temps pour rêver.

Un temps pour agir.

Un temps pour gagner.

Un temps pour perdre.

Un temps pour pleurer.

Un temps pour croire.

Un temps pour vieillir.

Un temps pour mourir.

Vivre
la fenêtre
ouverte

Leçon de vie

Au nord de la route, les montagnes étaient nues et arides. Un jour, un touriste décida de marcher vers le sud, où il y avait des collines verdoyantes. À la fin de cette journée chaude, il arriva dans une magnifique prairie. L'air était chargé de parfums de fruits, d'herbes et de foin. Tout autour de la vallée, la vue était saisissante de beauté : le soleil couchant découpait la cime des arbres et les buissons semblaient éclairés de l'intérieur. À quelques pas de là, un jeune berger, assis par terre, observait calmement son troupeau de moutons tout en jouant de la flûte. Le calme du soir descendait lentement sur la terre et dans la sérénité du moment. Le touriste marcha vers le berger et prit place à côté de lui. Le berger cessa de jouer lorsqu'une étoile se mit à briller au-dessus des nuages. Le touriste profita de ce moment pour lui adresser quelques mots.

« Tu as beaucoup de talent. As-tu déjà songé à te débarrasser de ces bêtes pour partir loin d'ici ? Tu pourrais lancer un petit business qui te rapporterait beaucoup plus d'argent et qui te permettrait de vivre une belle vie.

— Et une belle vie, c'est quoi, selon vous ?

— C'est vivre dans un pays exotique, admirer de beaux paysages, faire ce qu'on aime. Tu pourrais t'asseoir au soleil couchant et jouer de la flûte jusqu'à ce qu'apparaisse la première… »

Comprenant l'absurdité de ses paroles, le touriste ne termina pas sa phrase.

Ce n'est pas l'endroit où l'on vit qui nous transforme, ni le métier que l'on fait, ni notre compte en banque, ni nos talents, mais notre état de présence. C'est par la présence que l'on cultive et que l'on récolte toutes les richesses de ce monde.

Casse-temps

J'entre dans mon bureau, un double espresso dans une main. Mon autre bras est chargé de cahiers de notes. J'ai un crayon entre les dents. Je dépose le café à ma droite, les cahiers à gauche et je crache le crayon devant moi. Je suis prête! Par la fenêtre, j'aperçois le ciel bleu, quelques petits nuages blancs et le soleil radieux. C'est miraculeux, tout est si silencieux. Cette pensée me donne un frisson de plaisir. Mis à part ce tiraillement dans le bas du dos, tout est parfait. Aujourd'hui, c'est certain que l'inspiration va venir. Je le sais. Je la sens. J'avale une gorgée de café. Je redresse ma chaise. Je débute timidement. Je commence par taper seulement quelques mots. Voilà que la page blanche sur l'écran de mon ordinateur se noircit. Ce matin, on dirait que mes doigts ont des ailes. Ils dansent agilement sur le clavier, l'effleurant à peine. Je n'en reviens pas. J'écris vite. Est-ce un signe providentiel? On dirait que oui. C'est la vie qui me récompense pour tous ces mois d'efforts. Je l'en remercie. Mon Dieu, je suis aux anges! Enfin, je vais finir par voir la fin de ce projet. J'ai bien fait de persévérer. Tout à coup, un bruit. Puis un autre. Et un troisième bruit sourd me tire de ma bulle. D'où viennent ces bruits? Ma gorge se noue. Les bruits se rapprochent. Est-ce la porte d'entrée qui claque au vent? Une fenêtre mal fermée? Proviennent-ils de la cuisine? De la salle de bain? Non. J'entends des coups de klaxon, des bruits de freinage. Quoi? Mes mains se figent au-dessus du clavier, je repousse ma chaise, descends les marches à toute vitesse et me précipite à la fenêtre du salon. Sous mes yeux incrédules, une dizaine de voitures, klaxonnant joyeusement, se garent en désordre. Non! Pas aujourd'hui? Pas maintenant? Mais oui!

«*Party time!*» L'homme qui prononce ces paroles, les bras chargés d'une caisse de bières, marche allègrement vers la maison des voisins. Kenzo, mon caniche royal, se met à japper. Lola, mon chihuahua de 12 ans, hurle à ses côtés. Mon pouls se met à zigzaguer. Qu'est-ce que je fais? Un éclair traverse mon cerveau. Vite! Je fais le tour de la maison pour fermer les fenêtres et la porte-fenêtre de la terrasse. Rien à faire, de la musique aux basses énormes s'échappe de la cour des voisins et fait vibrer les murs de la maison. Les cris des enfants qui sautent dans la piscine et ceux des parents qui s'esclaffent agrémentent ce paysage sonore. Le pied pesant, je fais demi-tour et retourne à mon projet d'écriture. Entêtée, je frappe le clavier et, les yeux rivés sur l'écran, j'écris. Au bout d'une trentaine de minutes, je me relis. Il n'y a rien de bon! Tout est à jeter à la poubelle.

Je recule ma chaise, j'appuie les coudes au bord de la table et me prends la tête à deux mains. De l'extérieur, les bruits étouffés de la fête traversent les murs. Devant moi, sur l'écran lumineux de mon ordinateur, cette petite phrase inspirée d'Épictète, le philosophe grec : « *Fais la paix avec ce qui est.* » Épictète a raison. La vie n'est pas un combat, mais une danse.

Sur cette pensée, j'éteins l'ordinateur et me lève pour aller rouvrir la fenêtre de mon bureau. Aussitôt, une délicieuse musique brésilienne envahit la pièce et un sourire se forme sur mes lèvres. En vérité, je viens moi aussi d'obtenir une belle journée de congé !

Méditation couchée

Trouver le repos et la sérénité dans un monde bruyant, discordant, agité, n'est pas chose facile. Les rares pauses que l'on s'accorde dans une journée sont envahies, submergées par des pensées, des soucis, des choses à planifier. Parfois, le simple fait de s'allonger par terre, directement au sol, permet de focaliser notre attention sur les sensations dans notre corps et de clarifier notre esprit. Depuis une dizaine d'années déjà, pour me ressourcer par le corps et l'esprit, j'ai pris l'habitude de m'étendre par terre une fois par jour. Cette position appelée «méditation couchée» permet d'explorer le terrain des sensations de notre corps et de s'ouvrir à un plus grand ressenti. Cette pratique nous libère de la fatigue et de la lourdeur physique, elle apaise la turbulence des émotions et pacifie rapidement notre esprit.

ALLONGEZ-VOUS SUR LE SOL.

Sentez-vous soutenu par la solidité et la stabilité
de la terre.

Livrez-vous, abandonnez-vous entièrement
à l'appel de la gravité.

Laissez les sensations traverser votre corps
comme l'océan se laisse traverser par les vagues,
sans les repousser ni les retenir.

Laissez les pensées traverser votre esprit, sans
intervenir.

Laissez les sons ambiants traverser le temps, l'espace.

Laissez être ce qui veut être.

Tout ce que vous avez, c'est l'instant présent.

Et il contient tout ce dont vous avez besoin !

Mouvements de vie

C'est une aventure à la fois excitante et déstabilisante que de consentir à vivre consciemment tout ce qui nous est donné de vivre.

Cela demande du courage. Le courage de se soustraire, pour un moment, aux multiples sollicitations extérieures afin de tourner le regard vers l'intérieur.

On peut y arriver plus facilement sans les mots, car c'est dans le silence que tout s'ouvre à soi. La conscience s'élargit sur un panorama infiniment vaste, infiniment ouvert, en dedans de nous. Et cette partie en chacun permet à toute chose d'apparaître, de disparaître, de réapparaître, sans affecter la nature de la personne qui regarde. Si on arrive à ne faire qu'un avec cet élan naturel de la vie, à être en paix avec l'éternel mouvement des choses, on peut voir à l'arrière-plan cette merveille, ce miracle qu'est l'esprit.

L'art du thé

U n jour, un ami m'avait invitée à prendre part à une « cérémonie du thé ». Ne sachant pas qu'il s'agit d'un art véritable, une discipline de simplicité, d'effacement de l'ego, de silence et de contemplation, je n'y avais vu qu'une très belle cérémonie de bienséance, sans signification profonde. J'ignorais que la « voie du thé » est bien plus qu'un rite extérieur : c'est l'art d'« être » au monde.

Cet art nous plonge aux racines de la vie pour faire ressortir l'essentiel de la beauté des choses, qui se trouve dans l'ordinaire comme dans l'exceptionnel. Lors d'une séance de thé, le rituel est conçu de manière à faire converger les sens des participants pour qu'ils soient entièrement, pleinement et totalement impliqués dans chaque moment de la cérémonie.

En premier lieu, pour prendre part à une telle cérémonie, il convient de laisser ses chaussures à la porte de la chambre à thé. Symboliquement, nous abandonnons ainsi notre personnage social et nous nous débarrassons de tout ce qui est superficiel, artificiel et faux. Ce dépouillement vise également à cultiver cette manière d'être dans la vie. Un esprit libéré de l'ego n'est plus gêné par aucun bagage et il voyage légèrement. Il peut alors mourir et renaître à chaque instant, sans avoir peur de l'impermanence de l'existence.

La première étape accomplie — se désencombrer des variantes de l'ego et de ses prétentions spirituelles —, nous passons à l'étape suivante : la pacification intérieure. Pour que l'esprit se repose, les invités font preuve d'une grande économie de mots. Pas de commérages ni de conversations banales. S'ils se servent de la parole, c'est uniquement pour parler de la simplicité et de l'extraordinaire beauté des choses, dans la vérité du moment. Tout au long de la cérémonie du thé, chacun prête une grande attention à ses pensées, à ses gestes, à sa posture, à ses paroles, à son « état » d'être. C'est un instant de poésie, un moment où le monde du vivant descend jusqu'aux racines de l'être pour en faire ressortir la beauté. Cette beauté qui est en chacun de nous. Cette beauté au cœur de la vie.

Cultiver un esprit zen, comme celui de la cérémonie de thé, c'est transférer une présence réelle dans toutes les sphères de notre vie — travail, amour, famille, argent, sexualité, art, sport, loisirs, etc. Cette présence transforme notre quotidien en un art de vivre qu'on appelle « zénitude ».

Éloge de la simplicité

Notre ego essaie toujours de faire quelque chose de spécial, de grandiose. Que ce soit dans la vie quotidienne ou dans la vie spirituelle, il ne fait jamais de pause. Lorsqu'il s'agit d'aborder la méditation, il y voit une occasion rêvée de montrer son savoir-faire. Mais, lorsqu'il découvre que méditer, c'est prêter attention à chaque moment, il est déçu! Il trouve cela trop simple. Oui, c'est simple, mais ce n'est pas facile.

Cela consiste à « être », tout bonnement.

Sans vouloir être ceci.

Sans vouloir être cela.

Regard sur le monde

M arcel Proust écrivit dans *La Prisonnière* une phrase devenue célèbre : «*Le seul véritable voyage, le seul bain de Jouvence, ce ne serait pas d'aller vers de nouveaux paysages, mais d'avoir d'autres yeux...*»

Pour «saisir» l'essence du monde, il faut réapprendre à voir.

Or, *voir* ne consiste pas à distinguer simplement les formes, les couleurs, les matières, les choses, les êtres, mais à regarder avec attention, avec curiosité, avec compassion, avec un amour pur. Un amour désintéressé.

Voir, c'est...

Regarder sans vouloir posséder.

Regarder sans juger.

Regarder sans comparer.

Regarder sans diviser.

Voir dans un total abandon, pour accueillir, mais aussi pour se laisser pénétrer par tout ce qui touche le regard. Voir autrement. Voir avec amour.

Tous les jours, sans exception, la beauté du monde s'offre à nos yeux.

Pour la mériter, il faut s'ouvrir, savoir la cueillir, l'accueillir.

Pour autant que nous soyons disposés à poser un regard nouveau sur le monde, le renouveau du monde s'offre à nous.

Combien de fois sommes-nous passés à côté d'une expérience extraordinaire, n'y voyant que du banal, de l'ordinaire? Lorsque nous devenons plus disponibles à la vie, nous nous éveillons à la beauté des choses. Qu'il s'agisse de l'immensité de l'océan, d'une imposante montagne, de la grâce d'un brin d'herbe, d'une orchidée ou d'un légume cueilli dans le potager... C'est un acte fondamental de vie que celui de voir que tout ce qui nous entoure mérite le même regard, la même présence, la même attention.

Fil d'art

Dans le coin de la fenêtre, quelque chose cherche à naître. En direct, sous mes yeux. J'aperçois un tout petit être vivant, derrière la vitre. Derrière la lumière. Une araignée minuscule, millimétrique, mais rigoureuse comme tout, travaille avec ardeur pour dessiner parfaitement la forme de sa toile. Elle travaille sans relâche. Dans des conditions précaires, elle progresse, semble combattre des forces invisibles, aux frontières de l'impossible. Malgré tout, elle avance, sans peur. Ses mouvements sont d'une légèreté aérienne. J'envie son courage et sa ténacité. Malgré les difficultés, malgré les dangers, elle n'a pas peur de s'aventurer dans le vide, elle le fait avec une grande ferveur, un total abandon.

Une partie de la toile est terminée. Je me lève pour ouvrir la fenêtre et m'en approcher. Je me fais toute petite pour ne pas effrayer l'araignée toujours au travail. Entièrement engagée dans le temps et dans l'espace, elle tisse la dernière partie de sa toile. Avec aisance, elle trace des lignes et crée des possibilités là où je n'en vois aucune. Elle termine son travail en tendant un long fil de soutien de la périphérie vers le centre. À cet instant, un miracle apparaît. Tout y est, tout nous est donné. L'araignée a terminé son travail. L'œuvre est superbe.

Ce jour-là, mon maître en méditation fut une petite araignée. Elle est venue me rappeler que nous venons tous sur cette terre avec les outils nécessaires pour surmonter toutes les difficultés. Nous portons déjà en nous les réponses à nos questions et les solutions à nos problèmes. Et, parfois, pour les découvrir en soi, l'effort est exactement ce dont nous avons besoin.

Le temps d'être

Brin de sagesse

« Bonjour », dit le Petit Prince.

« Bonjour », dit le marchand.

C'était un marchand de pilules perfectionnées qui apaisent la soif. On en avale une par semaine et on n'éprouve plus le besoin de boire.

« Pourquoi vends-tu ça ? demande le Petit Prince.

— C'est une grosse économie de temps, répond le marchand.

Les experts ont fait des calculs. On épargne ainsi cinquante-trois minutes par semaine.

— Et que fait-on de ces cinquante-trois minutes ?

— On en fait ce qu'on veut. »

« Moi, pense le Petit Prince, si j'avais cinquante-trois minutes à dépenser, je marcherais doucement vers une fontaine… »

L'heure du lunch

l est midi. C'est ce qu'on appelle en Amérique du Nord l'«heure du lunch». En quelques minutes, les tours de bureaux du centre-ville se vident. Vitesse, tumulte, chaos. De prime abord, on pourrait penser que ce moment de la journée est réservé pour retrouver un peu de calme, de clarté. Il serait judicieux de profiter au maximum de cette pause pour se reposer, se ressourcer. En réalité, cette heure est identique aux autres heures de la journée. Après avoir avalé en vitesse un repas, on retourne vite à ses portables, agendas électroniques et téléphones intelligents. Sollicités par mille distractions, préoccupés par des projets, des désirs, personne ne semble voir les oiseaux, les arbres, les fleurs, le gazon, ni même le béton. On perd contact avec ce que nous appelons négligemment «le monde».

On ne voit plus l'espace, ni le décor où l'on est, ni les gens qui nous entourent, ni ce qui se déroule sous nos yeux. On perd de vue ce qui se passe en soi. Cette distance avec nous-mêmes nous conduit peu à peu à nous déconnecter de la vie. Nous sommes vivants, mais sans l'être vraiment.

L'heure du lunch terminée, nous retournons à nos bureaux, à nos écrans, à nos pensées, à nos listes de choses à faire, à nos angoisses. La pause du midi n'a rien changé à rien.

Pourtant, il suffirait de peu de choses pour faire une incursion dans le moment présent. La plus importante serait de ralentir. Ralentir permet une ouverture, une disponibilité, et nous fait prendre conscience de notre absence. C'est seulement lorsqu'on prend conscience de notre absence qu'on peut revenir dans l'ici et le maintenant.

Pour rester dans le moment présent, l'esprit a besoin d'un ancrage. En prêtant attention au chant des oiseaux, au vent qui frôle notre joue, aux êtres humains qui nous entourent, la beauté du réel nous libère du monde virtuel pour nous ramener à la « fontaine » de la vie.

Prendre un moment

S i vous avez le temps de lire le journal, de regarder une émission de télévision, de jouer à un jeu vidéo, de lire vos messages sur Twitter, de publier une photo sur Facebook, vous avez le temps de méditer.

Si vous avez le temps de respirer, vous avez le temps de méditer. La méditation, c'est votre respiration. La respiration est cruciale dans notre vie. Reposer votre esprit l'est tout autant.

DÈS MAINTENANT,
OFFREZ-VOUS UNE MINUTE DE CALME.

Faites-le tout de suite. C'est vraiment simple.

Détendez les muscles autour des yeux.

Desserrez les mâchoires.

Relâchez les épaules.

Respirez et servez-vous de votre souffle
pour balayer les pensées et les émotions qui vous pèsent.

Si vous êtes anxieux, pensez :
«J'inspire le calme, j'expire le stress.»

Si vous êtes en colère, pensez :
«J'inspire la paix, j'expire la colère.»

Si vous êtes fatigué, pensez :
«J'inspire la vitalité, j'expire la fatigue.»

Encore et encore, de façon douce, servez-vous de votre
souffle pour revenir au cœur de l'instant présent.

Le temps d'une vie

S i le temps nous est compté, combien sommes-nous à toujours remettre à demain, à un futur incertain, le rêve de profiter pleinement de l'instant présent ? Combien sommes-nous à remettre à plus tard le temps de vivre ?

Je sais que je devrais ralentir, travailler moins, mais c'est impossible pour le moment...

Plus tard, j'aimerais bien apprendre à méditer, mais je n'ai pas le temps, ce n'est pas le bon moment...

Le « bon » moment existe-t-il vraiment ?

Dans son livre intitulé *Le nouvel art du temps*, Jean-Louis Servan-Schreiber nous propose un exercice saisissant ! Il s'agit de s'arrêter quelques secondes pour réfléchir à la définition du temps. L'auteur nous recommande de substituer, dans quelques-unes de nos phrases courantes, le mot « temps » par le mot « vie ».

Je perds mon temps = Je perds ma vie.

Je manque de temps = Je manque de vie.

Je vais y consacrer mon temps = Je vais y consacrer ma vie.

J'ai besoin de plus de temps = J'ai besoin de plus de vie !

Prendre conscience du temps, c'est revenir à soi, c'est revenir dans l'ici et le maintenant de nos vies. Profitez de ce moment et prenez trois profondes respirations pour savourer pleinement le temps… qui passe.

Reprendre son souffle

On court.

On court tout le temps.

On court depuis si longtemps
qu'on ne se rappelle même plus vers quoi on court.

Aujourd'hui…

ARRÊTEZ-VOUS UN INSTANT.

Faites une pause, ici et maintenant.

Détendez vos yeux.

Desserrez les mâchoires.

Relâchez les épaules.

Inspirez par le nez jusqu'à ce que vous sentiez le bas du ventre se soulever.

Expirez lentement jusqu'à ce qu'il retombe.

Répétez cinq fois, puis au besoin.

En respirant ainsi, lentement et profondément, vous créez de l'espace.

De l'espace dans votre corps.

De l'espace dans votre tête.

De l'espace dans votre vie.

Vieillir comme elle

C'est une femme à la silhouette fragile avec une peau transparente et des mains d'une finesse comme celles des mannequins. Elle aime le rouge. «J'adore cette couleur, toutes les teintes de rouge me vont bien», me dira-t-elle plus tard. Il n'est pas rare qu'elle le porte de la tête aux pieds. Sans bijoux. Elle ne les supporte pas. Elle aime parler de tout et de rien. Surtout de tout. Elle pose un regard simple sur les choses, sur les gens, sur la vie en général. Elle ne pense pas beaucoup, dit-elle, elle préfère vivre.

«N'avez-vous jamais eu peur de vieillir?» lui ai-je demandé un jour. Il s'est écoulé quelques secondes avant qu'elle réponde, mais elle était passionnée par le sujet. Elle s'est avancée vers moi et j'ai pu voir une lumière de défi qui incendiait son regard. Le rouge éclatant de son chemisier rayonnait sur le visage de cette belle dame.

« Vieillir, pour le corps, c'est une triste réalité, mais pour le cœur c'est une invitation à vivre plus intensément. En vieillissant, tu dois cesser de te chercher dans le regard des autres, mais ne cesse jamais d'évoluer, de grandir. Reste curieuse et ouverte. Trace ta propre route. Et surtout, ne pleure pas sur le passé, car la jeunesse, de toutes les choses que Dieu a créées, est celle qui se fane le plus vite. »

Cette femme est libre. Cela se sent dans chacun de ses souffles, dans la légèreté de ses pas, la vivacité de ses paroles et la beauté de ses gestes. Elle en a fini avec cet encombrement de plaire aux autres. Fini, l'ambition et les efforts insensés pour donner du sens à sa vie. Elle le fait par sa simple présence, sans jugement et sans faire la morale. Elle a accès à une extraordinaire légèreté d'être.

« Vois-tu, dit-elle d'une voix basse [j'adore ces moments où elle prend sa voix d'espionne qui s'apprête à révéler un grave secret d'État], dans ce monde il y a toutes sortes de vieux. Il y a ceux qui perdent espoir en la vie, ceux qui ne parlent que d'hier ou de leurs maladies. Tiens-toi loin de ces personnes-là, elles sont déprimantes. Il y a aussi des personnes âgées qui meurent avant même de mourir. Certainement, tu dois fuir celles-là aussi, ce sont les pires. Mais il y a les autres. Celles qui avancent en âge en faisant un doigt d'honneur à la vieillesse.

Celles-là restent jeunes toute leur vie. Il te faut choisir ton équipe avant de vieillir. Choisis ton camp dès maintenant!»

Elle est saisie brusquement d'un énorme fou rire qui l'anime d'une jeunesse éternelle. Cet humour rafraîchit ses traits, maquille ses yeux et comble les rides de son visage.

«Ne parle jamais de ton âge. Sois *ageless*, comme disent joliment les anglophones. Mais il faut tout de même se regarder vieillir avec une certaine compassion, sinon on souffre trop et on souffrira longtemps, très longtemps. Si tu parviens à apprécier tes plis, tes cheveux blancs et tes rides, quelque chose de beau, de très beau, de presque miraculeux survient. Tu vois apparaître la jeunesse de ton cœur.

— Avez-vous peur de la mort?

— Je ne suis pas pressée de traverser de l'autre bord, je suis certaine qu'on s'y ennuie pour mourir!»

Et son éternel éclat de rire change à l'instant même la couleur de ses yeux et de tout mon univers. J'espère pouvoir vieillir, à mon tour, avec autant de grâce, de fougue et de dignité.

L'essentiel
des choses

Interruption

Sur le pont, un poids lourd est tombé en panne et des centaines de véhicules sont immobilisés. Des camions-citernes klaxonnent, les automobilistes leur répondent. Dans une auto près de la mienne, un homme pianote frénétiquement des messages textes sur son appareil. À ma droite, une femme parle au téléphone en gesticulant. L'énervement des automobilistes, physiquement immobilisés, est à son comble.

Le chauffeur du camion en panne sort pour ouvrir le capot et disparaît à l'intérieur. À plusieurs reprises le camion tousse, puis il s'étouffe. La femme au téléphone se met à klaxonner furieusement. Malgré ses efforts, le camionneur lui fait signe qu'il n'arrive pas à trouver le problème mécanique. Mais cette femme est tenace. Elle presse maintenant à deux mains sur l'avertisseur de sa voiture.

Ce n'est pas un bouchon de circulation qui rend notre existence misérable, ce n'est pas ce qui arrive ou n'arrive pas, mais c'est notre prétention à déterminer ce qui devrait être ou ne pas être. Quand nous croyons que tel événement ne devrait pas se passer comme ceci ou comme cela, que l'avion ne devrait jamais être en retard, que la circulation devrait toujours être fluide sur l'autoroute, que la météo doit répondre à nos attentes, nous souffrons.

La vie est un flux constant de circonstances et de conditions qui changent à l'infini. Que cela nous plaise ou non, des voitures et des ordinateurs tombent en panne chaque jour, un chien aboie quand on veut dormir, les voisins font la fête le jour où l'on souhaiterait le silence… Il y aura toujours des imprévus, des retards, des annulations, des urgences. On peut buter contre cette réalité ou «lâcher prise». Lâcher prise n'est pas signe d'abandon, mais un état qui permet à l'esprit de prendre du recul. Et cette distance favorise le changement et l'évolution d'une situation. Assurément, ce n'est pas chose facile, mais chaque fois qu'on se cogne contre le mur de la réalité, il est bon de se souvenir que tout est appelé à changer. On sait bien que le camion en panne finira par redémarrer, que la colère des automobilistes s'estompera. Mais en attendant, il nous faut accepter de ne savoir ni comment, ni quand la journée se poursuivra…

Remise en liberté

N'ATTENDEZ PLUS.

N'attendez rien ni personne.

N'attendez pas d'avoir du temps.

D'être plus calme ou plus «spirituel».

N'attendez plus pour commencer à méditer.

Et ne faites surtout pas de la méditation une chose compliquée.

Contrairement à ce que vous croyez,
vous n'avez rien à changer. Rien à corriger.

Comme vous êtes, là où vous êtes, c'est parfait.

Vous n'avez pas à vous retirer du monde ni d'un lieu particulier, ni d'attendre le moment parfait.

Centrez-vous et reliez-vous simplement à votre souffle.

Ne demandez pas à votre mental de se taire, pas tout de suite. Laissez-lui le temps de se déposer.

Si vous lisez ces mots, soyez aussi à l'écoute de votre cœur. Est-il inquiet ou est-il calme? Est-il ouvert ou bien fermé?

Ne jugez rien. Soyez simplement témoin de ce qui se passe en vous.

Respirez et accueillez ce qui est, sans résistance.

Et en faisant cela, après quelque temps, vous sentirez votre cœur s'ouvrir et devenir aussi vaste que le moment présent.

Ma vie va mal, mais moi je vais bien !

Selon un enseignement de la philosophie bouddhiste, vous n'êtes pas les circonstances de votre vie. Vous n'êtes ni vos échecs, ni votre divorce, ni votre poids, ni votre emploi, ni votre compte en banque, ni votre maladie. Ces situations passagères se présentent dans nos vies, mais elles ne sont pas véritablement qui nous sommes.

J'ai compris la teneur et la richesse de cette leçon le jour où j'ai surpris une conversation entre une étudiante de notre centre de yoga et l'un de nos professeurs. Cette femme dans la jeune quarantaine, je le savais, traversait une période difficile. L'année précédente, elle avait divorcé d'un conjoint violent, et quelques mois plus tard, le diagnostic d'une maladie grave l'avait obligée à vendre sa maison. De plus, elle venait d'apprendre que l'entreprise pour laquelle elle travaillait depuis vingt-cinq ans fermerait bientôt ses portes. Ce matin-là, pendant qu'elle déposait ses effets personnels au vestiaire, le professeur la salua en lui demandant : « Comment ça va ce matin ? » Sa réponse, je ne l'oublierai jamais : « Ma vie va mal, mais moi je vais bien ! »

Avec des mots très simples, cette femme venait de m'enseigner une des plus grandes leçons de l'existence. Trop souvent, nous avons tendance à confondre la personne que nous sommes avec nos émotions, nos états d'âme et les événements de notre existence. Nous pensons et disons aux autres : « *Je suis grosse.* » « *Je suis vieux.* » « *Je suis malade.* »

Pourtant, rien de tout cela ne peut définir notre nature profonde, notre moi véritable. On peut se marier et divorcer dans la même année, on peut obtenir une promotion et perdre son emploi dans le même mois, on peut un jour être malade et le lendemain, en excellente santé. Oui, les circonstances et les conditions de notre vie changent perpétuellement. Mais il existe en chacun une partie de soi si vaste et illimitée qu'on ne peut la confondre avec ce qui est éphémère, instable et impermanent. Pour en faire l'expérience, il suffit de se rendre régulièrement à l'intérieur de soi et d'observer la vastitude de notre esprit.

Les vagues de l'existence

Ici-partout,

La vie est mouvance.

Maintenant-toujours,

La vie est impermanence.

Parfois, on gagne.

Parfois, on perd.

La seule chose qui nous soit donnée,

C'est ce moment.

Il contient la totalité du temps.

Pour le vivre pleinement,

Il faut aimer ce qu'il nous reste.

Aimer ce qui nous quitte.

Passeport

Qui suis-je? C'est l'inévitable question et le point de départ de toute transformation. Comme toutes les grandes questions universelles, elle ouvre des portes et suggère des voies, mais elle ne donne jamais de réponse définitive. Elle est en cela mystérieuse, vaste, profonde comme la vie.

Il faut chercher la réponse en soi, dans la profondeur de notre être.

Cette quête fait de nous des êtres spirituels.

Spirituel signifie : avoir soulevé son masque, défait son armure pour révéler la beauté de sa nature profonde.

Tout au long de ce grand voyage initiatique qui mène au centre de notre être, nous ne pouvons voyager seuls.

Même si cet endroit est tout près de nous, puisque nous n'y sommes jamais allés, l'esprit et le cœur doivent nous y accompagner.

Tous deux sont entraînés pour accéder à un espace infiniment plus profond.

Et tous deux vont nous soutenir tout au long de ce périple en nous-mêmes.

Lorsque l'esprit et le cœur s'unissent, nous possédons enfin le passeport pour nous rendre au centre de notre être.

Et c'est à ce niveau de profondeur que nous découvrons véritablement qui nous sommes.

Tatouages sur le cœur

Entendre notre monde

Chut !

Écoutez.

Tendez l'oreille.

Développez l'art d'écouter ce qui se passe en vous.

Écoutez ce que vous n'avez jamais vraiment, pleinement, totalement écouté.

Écoutez votre voix intérieure, celle qui vous connaît, qui vous comprend, celle qui vous aime.

Écoutez les battements de votre cœur.

Écoutez votre souffle.

Écoutez les bruits environnants ou le silence,
sans préférence.

Écoutez l'autre, cet être vivant qui parle ; écoutez-le
sans l'interrompre, avec une présence bienveillante.

Écoutez la vie, la plus belle des symphonies, avec une
présence aimante.

Prenez un moment pour *entendre* le monde.

Dans « entendre », il y a le mot « tendre », comme un doux rappel à notre intention de *tendre* tout notre être vers le monde.

Du temps pour vivre

Après avoir fait des courses, je décide de m'arrêter dans un café pour manger un sandwich. La table à côté de la mienne est libre. Une dame âgée, vêtue d'un lourd manteau et de souliers lacés, s'en approche et, très lentement, comme pour ne pas réveiller une douleur dans son corps, tire une chaise et s'assoit. Une jeune serveuse apparaît en coup de vent et, avec une nette urgence dans la voix, lui demande: «Ce sera quoi pour vous, aujourd'hui?» Prise au dépourvu, la dame bégaie, car visiblement, cet empressement la rend nerveuse. L'impatience de la serveuse est de plus en plus palpable. Elle fait partie de la génération habituée à recevoir des réponses en un clic. Cette culture qui vit dans l'immédiateté et dans la brièveté arrive mal à composer avec l'insoutenable pesanteur d'attendre plus d'une nanoseconde. J'observe la dame du coin de l'œil, qui se résigne finalement à ne commander qu'un café avant de remettre le menu à la jeune femme qui piétine sur place.

Notre monde court à une vitesse folle. De nos jours, hésiter plus d'une minute à choisir une paire de chaussures est un luxe qu'on hésite à s'offrir, de peur d'indisposer un vendeur frustré de ne pouvoir servir d'autres clients plus pressés que nous. Cette cadence effrénée piétine les petites choses fragiles de l'existence, comme la patience et la politesse.

Ici, il n'est pas question pour moi de faire une leçon de morale à qui que ce soit, car l'impatience, je connais! Tout au long de mon enfance, mon grand-père n'en finissait plus de me dire d'être patiente. Souvent, je l'accompagnais dans ses excursions de pêche. N'ayant pas reçu sa patience en héritage, je traînais les pieds derrière lui tout en marmonnant. J'étais pressée de repartir vers la maison pour manger la truite que je n'avais pas encore pêchée. «Une chose à la fois», disait-il en enfilant calmement un ver de terre au bout de l'hameçon. Il n'était jamais si heureux que lorsqu'il pêchait, et la grosseur de ses prises importait peu. Quand Glorien Bordeleau pêchait la truite, il pêchait la truite. Lorsqu'il la mangeait, il la mangeait. Il ne faisait rien d'autre. Quand il bourrait sa pipe et la fumait en se berçant sur la galerie, avec son grand sourire d'enfant ravi, sa présence d'esprit était remarquable. Cet homme d'une grande bonté et d'une infinie patience fut, en tout point, mon premier maître de zénitude.

Tatouages sur le cœur

Lorsque nous sentons que notre vie tourne autour d'une montre, d'un calendrier, d'un agenda, d'une liste de choses à faire, il est temps de ralentir.

Ralentir pour sortir du monde
des fausses urgences.

Ralentir pour sortir du monde virtuel.

Ralentir pour toucher au vivant, au réel, à ce qui est fragile et éphémère.

Ralentir pour sortir de notre tête, de nos projets, de nos angoisses, de nos pensées obsessives.

Ralentir pour respirer.

Ralentir pour prendre du temps pour vivre.

Se souvenir

l y a autour de moi des êtres que j'aime profondément et dont la mémoire faiblit un peu plus chaque jour. Cela m'attriste et me porte à réfléchir.

J'ai peur d'oublier, moi aussi.

Oublier que ma vie est fragile, courte et précieuse.

Oublier de dire «je t'aime» souvent et sincèrement.

Oublier d'écouter la personne qui me parle.

Oublier de voir la beauté qui m'entoure.

Oublier de prier.

Oublier de respirer profondément et lentement.

Oublier de ralentir mes pas quand je marche dans la nature.

Oublier de sourire à un inconnu.

Oublier que les biens, les objets, les projets, c'est bien beau, mais à condition qu'ils ne prennent pas tout mon espace et qu'ils ne volent pas ma liberté.

Oublier que la terre est très fragile et qu'on doit en prendre soin.

Oublier de dire «merci» à la vie pour tous ces petits bonheurs au quotidien.

Voilà, c'est fait.

J'avais peur d'oublier.

Traversée de nuit

Après vingt-cinq années de pratique en méditation, je n'ai pas encore réussi à vivre au moment présent de façon constante, vingt-quatre heures sur vingt-quatre, sept jours sur sept. Être ouvert à la réalité quand tout va bien et que la vie est belle et douce, c'est une chose. Mais, lorsque notre vie déraille, que notre corps a mal ou que notre esprit a peur, rester calme et centré peut être vraiment difficile. Dans ces moments, si tout ce que l'on peut faire est de respirer calmement, eh bien c'est suffisant.

Je me souviens d'une nuit où mon corps fut transpercé par une sensation, sourde et lancinante. La douleur m'a violemment arrachée à mon sommeil. 1 h 43. La nuit, je le savais par expérience, était foutue. Le corps légèrement en sueur, j'attendais que la douleur cesse, mais elle rampait insidieusement. Lentement, comme un serpent.

3 h 05. Mon souffle court m'avise que les sensations s'intensifient, côté droit. Mes muscles se crispent autour des vibrations, emprisonnent la douleur dans mon corps. Et je commets alors la plus grave des erreurs face à la douleur, celle de résister en mobilisant toute mon énergie contre elle. Comme un poing serré autour d'un charbon ardent, mon corps est figé dans une fixité de pierre. La douleur, privée de la liberté de se mouvoir avec aisance, cherche avec désespoir une porte de sortie. Mais la perspective de lui céder le passage m'effraie.

Puis, une voix venue d'une région très éloignée de moi, m'a incitée doucement à respirer. « Ne résiste pas, rien ne sert de lutter, sers-toi de ton souffle pour traverser le reste de la nuit. »

Par la fenêtre, je voyais la nuit pâlir. C'était comme un signe qui m'incitait à lâcher prise, à m'abandonner. Et je me suis mise à respirer. Timidement. Puis mon souffle s'est amplifié, me portant dans l'expérience de la douleur et me donnant le courage de relâcher toute résistance. À partir de ce moment-là, j'avais mal mais je ne souffrais plus. Toute lutte avec moi-même avait cessé. Je n'étais plus seule avec la douleur ; mon souffle me protégeait, m'enveloppait, me berçait et me rassurait.

Cette nuit-là, la douleur m'a presque tout pris. Elle est re-partie avec mon orgueil, mon arrogance, ma violence, ma résistance. En guise de souvenir de son passage, elle a agran-di ma conscience et mon espace intérieur, elle a ouvert mon cœur, assoupli mon esprit. En ce sens, notre rencontre n'au-ra pas été vaine.

Tatouages sur le cœur

L'être humain est un lieu d'accueil,
Chaque matin un nouvel arrivant.

Une joie, une déprime, une bassesse,
Une prise de conscience momentanée arrivent
Tel un visiteur inattendu.

Accueille-les, divertis-les tous
Même s'il s'agit d'une foule de regrets
Qui d'un seul coup balaye ta maison
Et la vide de tous ses biens.

Chaque hôte, quel qu'il soit, traite-le avec respect,
Peut-être te prépare-t-il
À de nouveaux ravissements.

Les noires pensées, la honte, la malveillance
Rencontre-les à la porte en riant
Et invite-les à entrer.

Sois reconnaissant envers celui qui arrive
Quel qu'il soit,
Car chacun est envoyé comme un guide de l'au-delà.

RÛMÎ

Tout passe

À mon arrivée, il garda le silence. Pour la première fois depuis notre première rencontre, je le sentais épuisé et soucieux. D'habitude, ce grand maître bouddhiste jouissait d'une formidable énergie, faisant preuve, du matin au soir, d'une vitalité impressionnante. Sa bonne humeur enfantine et son rire franc et contagieux rythmaient nos conversations et nos rencontres. Mais, dans les derniers mois, il avait beaucoup voyagé et le lendemain il quittait la ville pour aller enseigner à l'autre bout du pays. Ce soir-là, les traits de son visage étaient tirés et les cernes sous ses yeux trahissaient une profonde fatigue. Le reflet d'un sourire éclaira ses yeux, et j'ai senti qu'il allait m'enseigner quelque chose de très important. Il se leva pour se diriger vers la fenêtre et me fit signe de le suivre.

« Regarde dehors, regarde bien. Tout ce qui se trouve sur cette terre a eu un commencement. Et toute chose a une fin. Tout ce qui naît doit vieillir, puis mourir. Tout est aussi appelé à changer dans ta vie : ta jeunesse, ta santé, tes amours, tes amitiés, ta famille, ta carrière et tous tes biens matériels. Ta souffrance, tes problèmes, tes ennuis aussi disparaîtront. Parfois, tu auras tellement mal que tu croiras que c'est pour toujours, mais je te le promets, rien ne dure et, de nouveau, tu connaîtras le bonheur. Rappelle-toi : toute chose, bonne ou mauvaise, heureuse ou malheureuse, passera. »

La seule constance dans notre existence, c'est le changement perpétuel du monde qui nous entoure. C'est ce qu'on appelle l'impermanence. Rien ni personne n'y échappe. C'est la loi de la nature. C'est la loi de la vie.

Il n'existe aucune notion plus importante que celle de l'impermanence, car le jour où l'on comprend que, sur cette terre, personne n'est éternel et que rien ne dure, on comprend pourquoi il est si important de vivre le moment présent.

Cet ami si cher qui m'avait enseigné tant de choses avait gardé, pour la veille de son départ, la leçon de vie qui m'est aujourd'hui la plus précieuse : un jour ou l'autre, tout passe.

Zénitude et double espresso

'idée de ce livre est née d'une brève conversation, un jour où j'avais trouvé refuge dans mon café préféré.

« Vous êtes la dame maître en yoga, n'est-ce pas ? me demanda le serveur.

— Oui.

— Jamais je n'aurais pensé que double espresso et zénitude pouvaient aller ensemble ! Est-ce qu'un jour vous accepteriez de m'enseigner comment devenir zen, moi aussi ? »

Je m'apprêtais à lui répondre que je brûle encore parfois d'impatience devant mon lent cheminement vers la zénitude. Qu'il m'arrive encore d'oublier de vivre le moment présent. Que je dois parfois me battre encore contre la peur, le doute, l'inquiétude, l'angoisse. Que cet état d'apprentissage de la zénitude est permanent. Mais que, heureusement, j'ai de nombreux alliés sur mon chemin: une méditation silencieuse; une séance de yoga et de qi gong; la récitation d'un mantra; une respiration profonde; un poème de Rûmî; le visage de l'être aimé; une fleur de mon jardin baigné de lumière; le chant d'un oiseau en forêt; un fou rire partagé avec un ami; un double espresso dans un café... Mais, avant que je puisse lui dire quoi que ce soit, un fort vent s'éleva et le serveur courut vers la terrasse extérieure pour minimiser les dégâts.

J'ai pensé qu'il valait peut-être mieux que je lui écrive.

Le seul moment où il vaut vraiment
la peine d'être présent,
c'est maintenant.

Ouvrages cités

P. 15 à 17 : Texte librement adapté d'un conte tunisien.

P. 61-62 : Conte librement adapté, de source inconnue.

P. 133-134 : Texte librement adapté d'une fable amérindienne.

P. 141-142 : Extrait du roman de Nikos Kazantzakis, *Alexis Zorba*, publié en traduction française aux Éditions du Chêne, en 1947.

P. 147-148 : Légende librement adaptée, de source inconnue.

P. 177-178 : Extrait du roman d'Antoine de St-Exupéry, *Le petit prince*, publié chez Gallimard, en 1943.

Pour poursuivre la réflexion

Christophe André, *Méditer, jour après jour*, L'Iconoclaste, 2011.

Arnaud Desjardins, *Approches de la méditation*, Pocket, 2008.

Jon Kabat-Zinn, *Où tu vas, tu es*, JC Lattès, 2012.

Fabrice Midal, *Pratique de la méditation*, Le Livre de poche, 2012.

Yongey Mingyour Rinpotché, *Bonheur de la sagesse*, Les liens qui libèrent, 2010.

Matthieu Ricard, *L'art de la méditation*, Nil, 2010.

Table des matières

Achevé d'imprimer au Canada